职业院校学前教育专业"十四五"系列教材

U0745573

幼儿园环境创设与利用（第二版）

主　编　康　琳　吴　瑛　马少林

副主编　熊　瑞　赵一婷　宋　英　彭凌宁

参　编　费素梅　高　青　王华芬　周红霞　李黄华

　　　　邓惠颖　张　甜　刘　莉　李艳玲　余欣蓓

　　　　刘　璐　曾　帆　陈　洁　詹　英　韩子欣

　　　　容　珍　李明晖　刘婕妮　宁　静

华中科技大学出版社
http://press.hust.edu.cn
中国·武汉

图书在版编目(CIP)数据

幼儿园环境创设与利用/康琳,吴瑛,马少林主编. —2 版. —武汉:华中科技大学出版社,2024.1
ISBN 978-7-5772-0568-7

Ⅰ.①幼…　Ⅱ.①康…　②吴…　③马…　Ⅲ.①幼儿园-环境设计-职业教育-教材　Ⅳ.①G617

中国国家版本馆 CIP 数据核字(2024)第 021353 号

幼儿园环境创设与利用(第二版)　　　　　　　　　　　　　　康　琳　吴　瑛　马少林　主编
You'eryuan Huanjing Chuangshe yu Liyong (Di-er Ban)

策划编辑：袁　冲
责任编辑：段亚萍
封面设计：孢　子
责任监印：朱　玢
出版发行：华中科技大学出版社(中国·武汉)　　　电话：(027)81321913
　　　　　武汉市东湖新技术开发区华工科技园　　　邮编：430223
录　　排：武汉创易图文工作室
印　　刷：武汉市洪林印务有限公司
开　　本：889mm×1194mm　1/16
印　　张：10
字　　数：303 千字
版　　次：2024 年 1 月第 2 版第 1 次印刷
定　　价：59.00 元

前　言

　　幼儿园环境创设是普通高等院校早期教育学前教育专业、中等师范学校及职业院校幼儿教育专业学生必修的综合性课程，是早期教育学前教育及幼儿教育专业的核心课程之一。该课程是以幼儿教育学、心理学等学科为基础，以幼儿园活动设计、幼儿园卫生保育、幼儿健康等学科为依托，融合幼儿园美术、幼儿园手工形成的一门综合性、实用型的学科课程。

　　教育部《3～6岁儿童学习与发展指南》中指出："幼儿的学习是以直接经验为基础，在游戏和日常生活中进行的。要珍视游戏和生活的独特价值，创设丰富的教育环境，合理安排一日生活，最大限度地支持和满足幼儿通过直接感知、实际操作和亲身体验获取经验的需要"。幼儿园环境创设是幼儿园教师为实现上述目标而进行的具体操作，是达到培养目标所采用的有效手段，幼儿园环境创设承载着幼儿园教育思想、办园理念，凝聚了教师的教育智慧，体现了教师的教育能力。

　　为此，本书立足于普通高等院校早期教育学前教育与幼儿师范学校及中等职业院校学前专业幼儿教师培养目标，结合幼儿园工作实际，以立德树人为目标，融合高校思政教育的要求，选取专业性与思想性并重、爱国、爱党、弘扬民族优秀传统文化的内容，将知识与技能融为一体，既强调知识的整体性，又注重技能的实用性；将理论与实践相结合，通过案例阐述理论，指导实践，打通校企合作的壁垒，实现校企共育。同时为回应国家及社会对托育发展的期待与要求，本书在第一版的基础上添加了幼儿园托班环境创设的内容。全书共分八章，每章都有主要内容介绍、学习目标提示，每一章节后有课后作业，以便学生学习巩固。各章节内还有问题思考与讨论，以调动学生运用所学知识分析解决问题的积极性。作业打破传统形式，多以小组与集体合作的方式完成。

　　本书既可作为普通高等院校早期教育学前教育专业、中等师范学校及职业院校幼儿教育专业的教科书，又可作为在职幼儿教师继续教育的培训教材，还可作为广大幼教工作者的工具书、参考书。

　　本书的第一主编是高等院校学前教育专业的一线教师，具有20多年从教经验，长期从事幼儿园环境创设、学前教育及学前美术的教学工作，是省培计划、国培计划资深授课专家，具有较高的理论水平与专业素养。在本书的编写过程中承蒙湖北省省直机关第一幼儿园、湖北省省直机关第二幼儿园、武汉大学幼儿园二分园、武汉经济技术开发区博学幼儿园、武汉经济技术开发区永久幼儿园、武汉市常青童梦幼儿园、武汉市武昌区育苗幼儿园、武汉市江汉区稚雅幼儿园、武汉市江夏区新蒙特凯勒早教园、武汉市江汉区远洋心苑幼儿园、圣巴巴拉湖畔幼儿园、武汉青柚籽社区托育园、哈沐德国际婴童学院、武汉市武昌区教育局南湖花园城康乐幼儿园、南湖江南庭苑幼儿园、武汉华锦新乐思幼儿园、湖北省武昌实验小学及附属幼儿园、洪山区实验幼儿园、华中科技大学附属幼儿园、海丽达南湖山庄双语幼儿园、武汉市直属机关曙光幼儿园、武汉市青山区第一幼儿园、南空小百灵幼儿园、武汉火箭军指挥学院幼儿园、武汉市江夏区直属机关幼儿园、咸宁市直属机关幼儿园等单位及其领导的鼎力协作，武汉城市职业学院学前教育学院卓萍院长、张沛书记、杨素苹副院长、张万红副院长的大力支持以及学前教育学院21级技能班部分学生的配合，在此谨向他们表示衷心的感谢。

　　书中绝大部分照片资料为编者收集，少量来自网络。由于资料收集时间跨度大，照片精度存在一定的差异，且来源标注不够准确，部分照片存在难以查明出处等问题，请读者理解。感谢图片所涉及的具体环境创设的老师的辛勤劳动。

　　由于时间仓促，加之编者水平有限，书中难免有疏漏与偏颇，敬请广大读者指正，以便日后修改，谢谢。

编　者

2024年1月

目　　录

第一章

概　论

【主要内容】

本章分为三节。第一节介绍幼儿园环境的概念及构成、幼儿园环境创设的目的及意义;第二节阐述环境创设过程中应遵循的原则及注意的事项;第三节阐述幼儿园环境的总体规划。

【学习目标】

掌握幼儿园环境的概念、分类方式,了解其构成;理解环境创设在幼儿园教育工作中的地位和作用,以及在具体实践操作过程中应把握的原则和方向。

第一节　幼儿园环境的概念及意义

《幼儿园教育指导纲要(试行)》提出:"环境是重要的教育资源,应通过环境的创设和利用,有效地促进幼儿的发展。"近年来,随着人们对环境认识的不断深入,幼儿园环境作为一种隐性课程越来越受到重视。

一、幼儿园环境的概念及构成

幼儿园环境是指幼儿园内为促进幼儿身心发展所提供的一切物质条件和精神条件的总和。它包括幼儿园硬环境、软环境、显性环境、隐性环境等。

人的发展离不开遗传、环境和教育三个方面,遗传是上天赋予、与生俱来、先天具有的因素,而环境和教育是后天获得的、受人为影响产生的、能够对人的发展产生决定性影响的因素,所以环境与教育常被作为塑造人的手段,用来改变人的发展轨迹,使人的成长更全面、更科学。现代教育界更是认为环境是一种有效的教育方法,一种以潜移默化、润物细无声的方式去影响人的思想与行为的教育方式,是实现教育目标的手段。教育目标的实现、教育方式方法的推进、教育制度的落实,离不开与之相关的设施、设备以及制度与措施,即教育环境的创设与教育氛围的营造。

我国著名学前教育家陈鹤琴先生认为,环境是儿童所接触的能给他以刺激的一切物质。他的观点告诉我们,幼儿园环境应该是一个比我们的认识更广的概念。它包括幼儿园物质环境和人文(精神)环境两大部分。

幼儿园物质环境从呈现的方式上看,又可分为自然环境和人工环境两大类(见图 1-1-1 和图 1-1-2),它们大多以物态化、实体性的形式呈现,因此又被称为硬环境。幼儿园人文(精神)环境是非实体性的,它看不见、摸不着却又实际存在,诸如声誉、口碑、社会影响等,也被称作软环境。

硬环境中的自然环境和人工环境有幼儿园建筑、园门、围墙、户外运动场地、设施设备及园内绿化、山石水体、空间布局等。软环境主要指幼儿园园所文化、办园理念、园所风尚、人际关系氛围以及幼儿园管理方式、行为模式、纪律制度等。

图 1-1-1　幼儿园自然环境

（图片来自湖北省省直机关第二幼儿园）

图 1-1-2　幼儿园人工环境

（图片来自湖北省省直机关第二幼儿园）

从活动所占据的空间来看,幼儿园硬环境又分为室外环境（户外环境）和室内环境（见图 1-1-3 和图 1-1-4）。

图 1-1-3　幼儿园户外环境

（图片来自网络）

图 1-1-4　幼儿园室内环境

（图片来自武汉市常青阳光幼儿园）

随着国家经济实力的增长,幼儿园办园条件也在不断改善,幼儿园已经从过去只注重硬环境,逐步向深层次的软环境建设的方向发展。

幼儿园在环境创设时,首先依据的是国家颁布的《幼儿园教育指导纲要（试行）》,纲要指出:"幼儿园应为幼儿提供健康、丰富的生活和活动环境,满足他们多方面发展的需要,使他们在快乐的童年生活中获得有益于身心发展的经验。"因此,幼儿园应根据教育目标制订教育活动规划,将环境创设作为其中的重要部分考虑到整体安排之中:为实现教育目标需要配置怎样的环境;现有环境中哪些对教育目标的实现是有用的,哪些需要改造;哪些需要重新创设,又有哪些需要幼儿家庭、社区配合,应将这些列入教育计划并逐步落实。

幼儿园环境的创设绝不是单纯的环境美化与装饰、硬件设施的堆积,而是幼儿在与环境对话、在与环境互动中相互影响、相互作用而逐渐形成、完善的。这说明离开与人的相互作用,也就形成不了有教育意义的幼儿园环境,环境的利用甚至比创设更为重要。

二、幼儿园环境创设的目的

1.环境是一种教育资源,能为幼儿成长提供科学保障

幼儿园环境是园所内能为幼儿成长提供的一切物质与精神条件的总和,园所内无论是自然环境还是人工环境都蕴含着丰富的教育资源,教师们在教育活动中通过挖掘、改造将一成不变的环境转化为"活的"教育资源,服务于幼儿,促进其成长。幼儿园由具有幼儿教育资格、具备幼儿教育专业知识和技能的专任教师,负责组织安排幼儿的一日生活,包括进餐与休息、活动与游戏;由专职教师指导幼儿的各项活动。为此,幼儿园专为幼儿制订每日的健康食谱(见图1-1-5和图1-1-6)、作息时间,配置所需的生活设施、卫生消毒设备(见图1-1-7至图1-1-9),为幼儿的健康提供保障。

图1-1-5　幼儿园健康食谱一
(图片由武汉城市职业学院学前教育学院学生提供)

图1-1-6　幼儿园健康食谱二
(图片由武汉城市职业学院学前教育学院学生提供)

图1-1-7　保鲜柜
(图片来自网络)

图1-1-8　空气消毒机(班级)
(图片来自网络)

图1-1-9　毛巾口杯餐具消毒柜
(图片来自网络)

图1-1-10　幼儿园户外活动设施
（图片来自咸宁市直属机关幼儿园）

此外，幼儿园为幼儿提供充足的室内外活动空间，配备各种玩具、教具、活动设施和设备，以及配套的软环境（见图1-1-10）。幼儿园教师依据《幼儿园教育指导纲要（试行）》《3～6岁儿童学习与发展指南》的要求，根据不同年龄儿童心理、生理发展的特点，制订教学计划，安排教学内容，创设活动环境，营造活动氛围，激发幼儿参与活动的兴趣，使生活、学习在园中的幼儿在科学的保育中成长，在快乐的教育中获得全面发展，使幼儿在健康、舒适的环境中接受"爱"的教育，体验"爱"的幸福，让健全的管理、高效的运作为幼儿的成长保驾护航。

2. 环境是幼儿教育的有效手段

在幼儿园的孩子们通过感官感受环境中的美，在美的环境中体验"爱"的温馨、"爱"的关怀，在"爱"的沐浴中传递"爱"。这是一种摆脱单纯说教，由环境自然生成的自我教育，也是教育的最高境界，是最有效的教育。

3. 环境是促进幼儿发展的重要途径

环境艺术本身就是建立在科学理性基础上的一门学科，布局有序、安排合理的环境蕴含着秩序之美、节奏之美与韵律之美。它启迪幼儿对美的感知，能唤起幼儿的审美需要，激发幼儿追求美的欲望，优美和谐的环境更能使幼儿身心愉悦。

幼儿园内开阔的空间、户外丰富的游戏器械、齐全的设施设备，为户外活动的开展提供了必要的条件；每日必备的户外活动，保障了幼儿锻炼身体的需求，提高了幼儿的运动能力、肢体的平衡性与协调性；丰富的室内游戏促进了幼儿认知、情感、社会性的发展，对激发幼儿探究欲望、开发幼儿的智力大有益处；文明有序的集体活动扩大了幼儿间的交往；幼儿在自由宽松、被尊重、被接纳的氛围中更能感受到爱的幸福，对促进幼儿心理健康、形成乐观自信的良好性格具有重要作用。

幼儿作为社会人，长大之后要融入社会，成为其中的一份子，幼儿园作为幼儿成长的"小社会"，为幼儿的社会性发展提供了锻炼的舞台。

三岁入园是幼儿生命成长过程中第一个重要阶段，可以说对于大多数幼儿而言，这是从出生起第一次较长时间离开自己熟悉的环境（家庭），与自己熟识的亲人分离。当满眼看到的都是陌生的面孔、不相识的人，从孩子的角度来看，这是从未有过的巨大挑战。没有亲人陪伴，要独自面对一个新的环境，对于他们来说是他们个人成长中迈出的巨大一步。

营造温馨和谐、具有童趣的幼儿园环境能帮助幼儿逐步摆脱对陌生环境的恐惧；老师的悉心关爱能减少幼儿与亲人分离时的焦虑，使幼儿渐渐融入新生活；多彩的集体活动，能让幼儿有机会结识更多新伙伴；在充满爱的幼儿园人际环境中感受爱的温暖，在被爱的环境中学会爱他人，在分享爱的过程中，学会表达爱和传递爱。这些都有助于提升幼儿的社会适应能力、人际交往能力。幼儿园内温馨惬意、融洽和谐的人际关系环境，必将为幼儿的社会性发展奠定良好的基础，如图1-1-11所示。

4. 环境是促进个体全面发展，实现终身学习的基础

幼儿园环境为幼儿创设、为幼儿所用，在环境创设中幼儿绝不是消极旁观者、享用者，而是环境创设的积极参与者和互动者。环境创设中幼儿的参与激发了他们的自我意识，幼儿在与环境的交互过程中，感受到他们是真正的主人。如果说集体活动培养了他们的协作精神、团结意识，那么小组活动则满足了他们个性发展的需要。每个幼儿都是独特的个体，都有他们不同寻常的特点，促进不同

图1-1-11　幼儿在融洽的人际交往环境中游戏
（图片来自咸宁市直属机关幼儿园）

个体的发展是幼儿园工作的重点,也是幼儿园环境创设的出发点。

除集体活动外,幼儿园内孩子们有大量的时间和机会进行小组活动,《幼儿园教育指导纲要(试行)》指出,幼儿园教育应尊重幼儿身心发展的规律和学习特点,充分关注幼儿的经验,引导幼儿在生活和活动中生动、活泼、主动地学习。根据幼儿"在玩中学"即在操作中学习的特点所创设的幼儿园环境,满足了幼儿根据自己的兴趣需要,自主决定活动内容、合作伙伴、活动方式的要求,同时幼儿在环境中探索、在探索中游戏、在游戏中学习,其积极性、主动性、创造性可以得到充分发挥,其个性化需求也得到满足。其学习方法在实践中不断形成,学习能力获得提高,学习品质得到提升,这些都是终身学习的基础,更是实践终身学习的保障。此外,一些特殊需要也得以实现,如精力过于充沛的幼儿,在自主活动中可以得到一定的释放。如图 1-1-12 和图 1-1-13 所示为幼儿在区角中活动。

图 1-1-12 幼儿在区角中活动一
(图片来自咸宁市直属机关幼儿园)

图 1-1-13 幼儿在区角中活动二
(图片来自武汉市江夏区直属机关幼儿园)

课后作业

1. 简要阐述什么是幼儿园环境,幼儿园环境包括哪些具体内容。
2. 作为幼儿园教育工作者,为什么要创设幼儿园环境?请以实例说明。

第二节 幼儿园环境创设的原则与要求

幼儿园环境创设是一项长期而系统的工作,需要园所领导者以幼儿发展为中心,以团结务实的精神、高瞻远瞩的眼光率领全园职工不断探索,调动协调各种社会力量不断创新,携手努力共同完成。在此过程中需要遵循以下原则。

一、安全性原则

安全性原则指幼儿园应该为生活学习在该园的幼儿提供无危险、不存在任何安全隐患的环境,使他们的身体、心理以及社会性发展处于健康和安全的状况,具体来说就是指:园内的建筑、设施设备、活动场所符合国家安全标准;使用的教玩具符合环保要求;日常用品、水电设施达到国家安全标准;食品达到或超过国家规定卫生标准等,对幼儿的身心健康没有现实或潜在的危害。

安全的幼儿园环境是幼儿健康成长的前提,是幼儿园教育活动开展的最基本的保障。没有安全,幼儿园一切教育目标的实现都将成为一句空话。

就目前情况来看,幼儿园安全是有保障的,但也存在隐患,其中主要有:建筑陈旧,超过使用年限的水电设施,维护不当的户外活动设施设备,不符合安全环保标准的教玩具材料,以及楼房内走廊通道狭窄、缺少护栏和扶手,生活用品、教玩具清洁消毒不到位等。这些有自然因素也有管理问题,需要幼儿园领导者从管理入手,高度重视,用严谨的态度和细致的工作去狠抓环节的落实,控制安全隐患,降低事故发生的可能性,对发现的问题及时整改,排除隐患。此外,幼儿园室内环境安全问题还存在以下几个方面。

1. 活动室的安全

不同年龄班级幼儿人数应有区别,小班(3～4 岁)为 25 人,中班(4～5 岁)为 30 人,大班(5～6 岁)为 35 人,混合班为 30 人。幼儿园班级人数规模不宜过大,过大人均占有空间被挤压,易造成拥挤,幼儿之间磕伤碰伤频率增加;班级规模过大,势必带来资源的相对紧张,为获取玩具材料,幼儿之间难免发生争抢,导致冲突。此外,规模过大也影响老师对幼儿生活的照料及活动的组织指导。班级规模也不宜过小,过小幼儿之间交流互动的频率会降低,活动氛围难以形成,也不利于活动的开展。因此,适中的空间密度有利于幼儿活动的开展。

2. 公共区域的安全

公共区域主要指幼儿园大厅、楼梯、走廊。其中楼梯、走廊是幼儿园人流量最高、使用频率最大的区域,因此安全问题更要格外重视。按规定,楼内每间活动室至少有两个进出口,每一楼层应有两个楼梯,整栋楼内空间形成小环套大环的环形通道;较成人来说,幼儿年龄小,身体尚在发育,反应能力、肢体运动能力还有待提高,行动速度较慢,幼儿园的楼梯走廊应尽可能宽阔,便于意外发生时人员的疏散;楼梯走廊不应堆放物品以免阻碍交通,造成拥堵或踩踏事故;楼梯两旁应安置幼儿扶手,扶手与台阶高度符合幼儿的尺寸标准,路面要有防滑处理。

幼儿园所使用的一切设施设备的投放与使用不仅要符合人体工程学原理和幼儿的尺寸要求,且在功能上应充分考虑幼儿所处环境、年龄特点、生理状况,消除安全隐患。如冬季我国北方的幼儿园活动室都有供暖设备,为避免幼儿因触碰造成烫伤,暖气片以及供暖管道应用隔热层包裹起来,防止意外的发生。幼儿园中使用的电源插座插头应安置在高于幼儿所能触及的高度位置,并配有保护盖,桌椅等家具要有防撞角等(见图 1-2-1 至图 1-2-3)。

图 1-2-1　防触电插头
（图片来自网络）

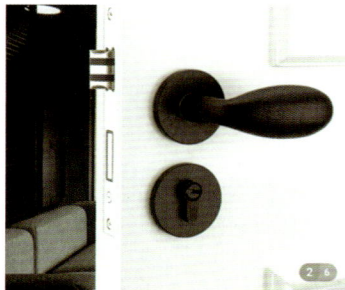

图 1-2-2　幼儿园磁吸静音门锁
（图片来自网络）

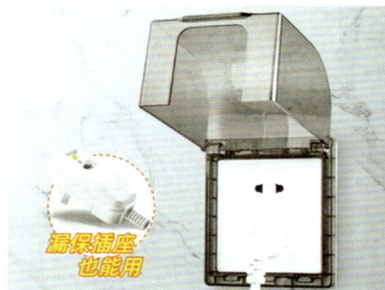

图 1-2-3　电源插座保护盖
（图片来自网络）

幼儿园公共环境除正常使用外,要为意外发生时提供逃生疏散便利。如园中楼梯过道要宽于一般公共环境的规格,防止意外时的拥堵;教室、活动室的门应是双开的,平时可只开一扇,遇到紧急情况时可完全打开,以利于幼儿疏散。

在建筑材料和样式的选择上也要考虑幼儿的安全,如:安置透明玻璃门时,应在接近幼儿视线的位置粘贴醒目的标记,提示幼儿以免撞上;而门锁应带有防止自动上锁的功能,配备防夹手等设施;在条件允许的情况下尽可能为有特殊需要的幼儿提供方便,为行动不便、视力有缺陷的幼儿设置专用的走道,方便他们融入正常儿童的生活。

近年来,人们的反恐防暴意识增强,幼儿园也要为此制订各种防范措施和安全预案,并在平时进行演习、演练,未雨绸缪,防患于未然。

二、环保性原则

有条件的地方倡导营造绿色环保型的幼儿园,多植树,广栽花;在园舍建筑上采用新型隔热保暖的材料,推广太阳能,降低不可再生能源的消耗,利用植被遮阴、降温,尽量减少空调的使用,减少二氧化碳的排放量,使幼儿园向着生态环保型方向发展。园所绿化如图 1-2-4 和图 1-2-5 所示。

图 1-2-4　园所绿化一
（图片由武汉经济技术开发区永久幼儿园提供）

图 1-2-5　园所绿化二
（图片由武汉经济技术开发区永久幼儿园提供）

幼儿园建筑必须符合国家规定的建筑安全要求,且在坚固耐用、抗震、防风、防水、防火等功能上高于一般标准。所使用的建筑装修涂料、材料必须绝对安全,不得含有甲醛等有毒物质;设施设备做到定期检修,经常维护,及时排除安全隐患。

在环境布置和美化上尽量避免一次性材料的使用,通过对材料的重复利用,降低成本,实现环保。

在绿化上,选择有机肥及生物技术防治病虫害;采用收集雨水、循环再利用生活水的方式,减少绿化用洁净水,努力实现对城市洁净水的零消耗。

三、教育性原则

教育性原则指幼儿园在环境创设中要将幼儿的发展放在重要位置,幼儿园环境应具有教育作用或潜在的教育价值,具有促进幼儿的成长、满足幼儿的全面发展和良好个性品质的形成的作用。这也是幼儿园环境不同于其他环境的根本所在。环境的教育性不仅蕴含于环境之中,更形成于环境创设的过程中。

实现幼儿园环境的教育性可以从以下几方面入手。

1. 创设具有教育意义的环境

幼儿园环境虽常以实体形式存在,却不是自然天成的,若没有人的因素,是不会自动生成对幼儿有教育意义的环境的。幼儿园环境的创设是教育者的有意行为,幼儿园环境是幼儿园管理者和教师依据教育目标的需要、幼儿年龄发展特点和心理发展的要求,以幼儿园现有条件为基础,精心选择、合理搭配、有意创设的教育环境。教师在幼儿的日常生活与学习中可以将有教育意义的内容融入环境中，或将生硬的幼儿园硬件演变为有意义的教育环境，使幼儿在潜移默化中受到积极的教育影响，使幼儿的发展始终朝着教育目标靠近。如为培养幼儿良好的社会行为，养成文明行走的习惯，幼儿园环境设计者将楼梯走廊中间用黑色的粗线画出界线，分为左右两边，指示幼儿，使"行走靠右"的行走规则得到落实，而幼儿看得见、摸得着的设施设备——楼梯走廊成为教育资源，环境成为实施教育的手段，引导幼儿行为，如图 1-2-6 所示。

武汉市洪山区海丽达南湖山庄双语幼儿园的楼梯，不仅两旁有幼儿扶手，台阶左右两边还有红色小脚丫图案提示幼儿行走方向，使环境成为幼儿良好习惯养成的推手。

2. 挖掘环境中具有教育意义和价值的资源

幼儿园环境无论是自然环境还是人工环境，即便本身蕴含教育价值，只有当蕴含教育价值的物质被教育工作者发掘，被幼儿所利用，当作材料被加工，当作工具被使用，或作为认知对象进入幼儿活动领域，成为教育资源，才能称为真正的幼儿园环境。

湖北省武昌实验小学附属幼儿园利用园中水景安置水车等设施（见图 1-2-7），使幼儿在玩耍中感受水的动能，体验人类对自然的利用，在体验中感悟人与自然的和谐关系。

图 1-2-6　特色楼梯
（图片由武汉市哈沐德国际婴童学院提供）

图 1-2-7　水景中的水车
（图片由湖北省武昌实验小学附属幼儿园提供）

如幼儿园园区内的树木，不仅绿化了环境，也为幼儿户外活动提供防晒、遮阳的保护作用；同时多样的植被也是幼儿感受四季变化的最直观的影像；四季中各种昆虫鸟类的栖息，为幼儿提供了了解植物、观察动物的机会，为幼儿认识自然、贴近自然、树立环保意识创造了条件；各种造型的树叶，更为幼儿开展自然材料造型游戏、进行树叶贴画等艺术活动提供了原材料。

幼儿园教师就这样利用环境，在自然中对孩子进行教育，以身边的环境为内容对孩子施以影响，使环境成为鲜活的教育资源。

四、参与性原则

幼儿园环境的使用者为幼儿，若能够调动幼儿参与环境创设的积极性，不仅能够实现幼儿与环境的互动，也能使环境的教育作用得到最大限度的发挥。在环境创设中应善于汲取幼儿的意见和建议，让幼儿与教师合作完成环境的创设。这样不仅能发现幼儿的兴趣点，把握好环境创设的方向，使创设的环境更贴近幼儿，为他们所喜欢，而且由幼儿参与创设的幼儿园环境，因环境中有他们付出的劳动、流下的汗水，孩子们会格外珍惜，环境的主人翁的意识就这样在不知不觉中被强化。环境创设不仅锻炼了幼儿的动手能力，美化了环境，同时也塑造了幼儿的心灵，如图 1-2-8 所示。

图 1-2-8　孩子与教师一起布置的植物角

（图片由武汉大学幼儿园二分园提供）

五、趣味性原则

专为幼儿创设的幼儿园环境，凝聚着设计者的教育思想、教育观念与智慧；而幼儿有不同于成人的审美取向、独特的认识世界的方式，因此创设幼儿园环境不能仅以成人的标准和眼光来对待，更不可以成人的喜好为准绳，应该"放下身段，弯下腰来"，站在幼儿的角度上去思考，将幼儿的需要放在首位，创设符合他们的年龄特点，能够满足他们的生活、学习、游戏、操作以及情感需要的环境，即"要为幼儿创设有准备的环境"。如武汉市实验幼儿园以童话故事中幼儿熟悉的城堡、武汉市洪山区海丽达南湖山庄双语幼儿园以森林中的小木屋为造型的户外游戏设施（见图 1-2-9 和图 1-2-10），突出童趣，强调幼儿的审美和趣味，受到孩子们的欢迎。

图 1-2-9　以"城堡"为主题的户外游戏设施

（图片由武汉市实验幼儿园提供）

图 1-2-10　以"小木屋"为主题的户外游戏设施

（图片由武汉市洪山区海丽达南湖山庄双语幼儿园提供）

此外，幼儿园环境的独特性决定了其还应具有启发性，即能激发幼儿的想象及创造。例如"生态型幼儿园"环境，会给身在其中的幼儿带来很多新奇的思考——水景中的水冬天为什么会结冰、树上的鸟都飞到哪儿去了等，众多的自然现象会激发幼儿去思考、探索、寻求答案。而童话般的幼儿园环境则容易唤起幼儿进入童话世界的幸福感，在童话般的环境游戏中，练就幼儿的语言表达能力，提升幼儿的艺术创造能力；通过角色游戏，使幼儿感受真、善、美，丰富幼儿的情感体验。

六、适宜性原则

创设幼儿园环境需本着因地制宜的原则，充分考虑幼儿园所处地区经济状况、社会发展水平、居民收入等因素，以及幼儿园自身条件，不必在硬件上盲目攀比；应脚踏实地地创设与经济发展水平相适应，能够满足居民需要，让社会满意的幼儿园环境。以普惠制幼儿园为例，幼儿园在建设时应根据当地现有条件，做到就地取材，合理配置硬件设施；在物品的采购和使用上量入为出，以使用为目的，尽量一物多用。少花钱，多办事；办好事，办特色。如农村幼儿园，就应该充分利用其得天独厚的自然环境——天然树木、旷野草坪来建设贴近自然的绿色生态型幼儿园。

此外，幼儿园环境创设应与幼儿年龄阶段身心发展的特点与需要相适宜。幼儿天性好动，天生好奇，具有探索欲望，教师就应为幼儿创设满足他们运动发展、动手操作需求的环境；创设问题情境，让幼儿在环境的使用中发现问题、解决问题，提高思维水平。图 1-2-11 所示为探究型玩具设备。

图 1-2-11　探究型玩具设备——脚踏式发电机和无弦琴
（图片由武汉东南乾丰恒裕工程有限公司提供）

在活动中，不同年龄、不同性格的孩子往往在能力、兴趣爱好上存在很大差异，环境创设要顺应这种差异。如小班幼儿喜欢玩平行游戏，即幼儿间各玩各的，彼此所玩游戏相同，故提供的相同品种的玩具数量上要充足。中、大班幼儿象征性游戏水平较高，提供的玩具材料最好具有多功能或能一物多用，要求教师在建构区的材料投放过程中考虑这些因素。

同时，因为大、中班幼儿活动能力强、活动范围广，因此预留的室内活动区的面积要大于小班，与此相配套的玩具柜、玩具货架的容量也要大于小班。同样，班级中有的幼儿活泼、开朗，喜欢表演和角色扮演类游戏，而有的幼儿则沉稳好静，喜欢待在探究区和阅览区，作为教师应全面掌握本班幼儿的特点，为不同性格的幼儿创设适宜的环境，满足全体幼儿发展的需要。

七、开放性原则

幼儿园环境创设不仅要考虑园所内环境,也要重视园所外环境,将两者有机结合、协调一致地对幼儿施加影响,才能更好地实现教育目标。创设幼儿园环境一定要有长远目标,应该树立大教育观。面对纷繁复杂的外界影响,关起门来办教育已不再适合新时代的需要,幼儿园应采取积极态度,主动与外界融合,建设开放型幼儿园,与社区资源、家庭影响形成合力,共同为幼儿的成长服务。

开放式的幼儿园是将过去"关起门来埋头做事"的办园方式,改变成将幼儿园、家庭、社会连成一体的教育模式;让幼儿园教育活动向公众开放,以寻求来自家长、社会等方面的支持,吸引更多人关注幼儿园,参与到幼儿园教育活动中来。如:利用家长的专业特长与所从事的工作开设家长讲堂,请家长走进幼儿园课堂为幼儿上课;举办家长开放日活动,邀请家长观摩幼儿园教学活动,聘请有技术专长又热心幼儿园工作的家长做幼儿的顾问,对幼儿园教育管理提出意见和建议,以便提高教学质量;组织亲子活动,加深老师与家长间的联系;为家长搭建育儿学习交流的平台。开放式的幼儿园不仅能较好地获得家庭、社区的支持与配合,同时也能促进家长、社区成员的成长,使幼儿园教育氛围、人际关系向着良性互动的方向发展。

父母作为幼儿的第一任教师,大多不具备专业教育能力,他们热切希望从其他家长或身边同事、朋友身上借鉴成功的教育经验,从幼儿园教师身上学习更多的科学育儿知识,更新教育观念,提高育儿水平,从这一意义上看,幼儿园又可谓是一所家长的业余学校。

随着社会文明进程的发展,家庭—幼儿园—社会日益形成一个整体,作为联系家庭与社会的纽带,幼儿园更应具有开放的胸怀,用自己的专业服务于家庭、社区及社会,在服务的同时必将收获丰厚的回报。常言道:"舍得、舍得,有舍才有得,有舍必有得",作为社会构成单元、社会集体的一份子,幼儿园在享受社会资源的同时,也有为社会服务的义务。幼儿园应利用现有条件,有计划地开放幼儿园的部分资源,在周末、节假日开放幼儿园园区的场地、游戏设施为公众使用;为社区育龄妇女举办婴幼儿保健知识讲座,普及科学育儿知识,造福周围居民,共同营造和谐社会。我们相信在付出的同时,幼儿园一定会收获更多的意外与惊喜。

课后作业

1. 幼儿园环境创设应遵循哪些原则?

2. 以见习幼儿园环境为例,分析该园环境创设在贯彻安全性原则上是如何做的,有哪些长处和不足,对此你有何建议。

3. 如何理解幼儿园环境创设中的参与性原则?谈谈你的想法。

4. 论述幼儿园环境创设中的开放性原则。

5. 在环境创设中如何体现趣味性原则?你有何好主意?

第三节　幼儿园环境的总体规划

幼儿园环境是幼儿园软硬环境、内外环境的结合体,是幼儿与教职员工共同完成的复杂工程,是幼儿园近期工作与长远目标的综合体现。因此,幼儿园环境的创设需要一个总体的规划、全盘的布局,以及分阶段、分步骤的落实方案,以避免行动的盲目性。幼儿园环境的总体规划,可以从以下几方面着手。

一、区域的划分

在总体规划中,首先要做的是按使用功能的不同将空间划分成不同区域。幼儿园内的主要区域按功能可划分为管理区、服务区、生活游戏区、公共活动区等。

管理区包括园长办公室、保教办公室等;服务区包括厨房、保健室、财务室等;生活游戏区包括室内各班级活动室、休息室、卫生间、室外活动场地等;公共活动区包括楼梯、走廊、大厅、各种公共活动室及室外活动场地等。这些区域虽功能不同,但它们之间有着内在联系,在安置时,按疏密程度将功能相同或相近的区域安置在一起可方便开展工作。如:管理区中的行政部分与服务区联系较为紧密,通常邻近安置,而生活游戏区集中安置,以便于教学管理。幼儿园在总体规划时要统筹安排,考虑周全,同时也要为今后的发展留有可调整的余地。

还可以从空间上将生活游戏区划分为室内学习活动区和室外运动游戏区两部分(这种划分方法在一些中小型幼儿园比较常见),再依次对不同区域进行设置。

幼儿园环境的整体规划布局,在满足园区功能的同时还反映出办园理念,营造园所文化氛围。对于园区地块的布局需要考虑场地现有条件和周边环境因素,因地制宜,巧妙利用。

以下是成都天府第三幼儿园——一个被誉为梦想"家"的园所。

天府第三幼儿园位于成都市温江区主城区,包含15个班级,总建筑面积9200 m²,地上三层建筑面积6200 m²,地下一层建筑面积3000 m²,周边配套完善,交通便捷。园区建筑由一栋栋充满童真趣味的坡顶小屋构成基本的建筑单元,楼体间留出缝隙,并通过组合、扭转,形成聚集在场地内的建筑群。建筑群通过围合的布局形成院落空间,打造出一片供幼儿娱乐嬉戏的欢乐场所(见图1-3-1至图1-3-3)。

图1-3-1 天府第三幼儿园空间俯视图一
（图片来自网络）

图1-3-2 天府第三幼儿园空间俯视图二
（图片来自网络）

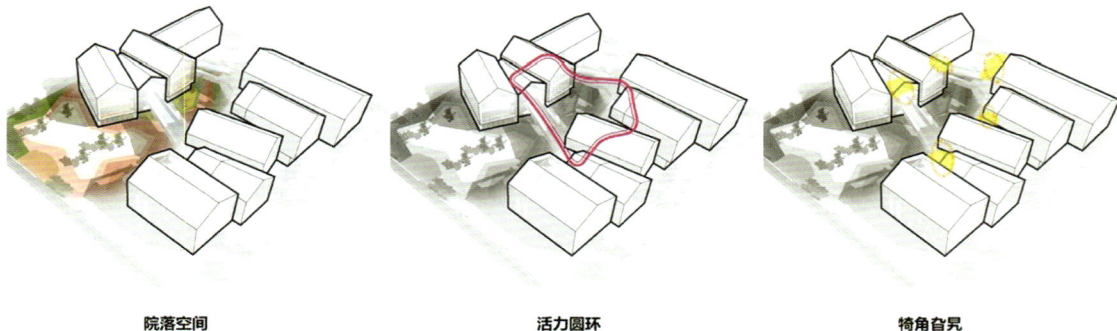

院落空间　　　　活力圆环　　　　转角窗

图1-3-3 天府第三幼儿园园所示意图
（图片来自网络）

12

幼儿园的功能用房分布如图 1-3-4 和图 1-3-5 所示,幼儿园入口大厅左侧分布着晨检室、保健室、值班室等主要功能用房,确保幼儿入园工作有序开展,配套的网络用房、办公室也为园区总体运行提供有力保障。入口右侧依次排开是幼儿园班级活动用房、厨房、会议室,通过连廊将各功能用房相连接。厨房位于场地边角方位,便于车辆运输食品,也将烹饪带来的油烟、噪声等负面影响降到最低,同时,保证厨房区位去不同教室交通流线呈中心发散,位置相对居中、便捷。

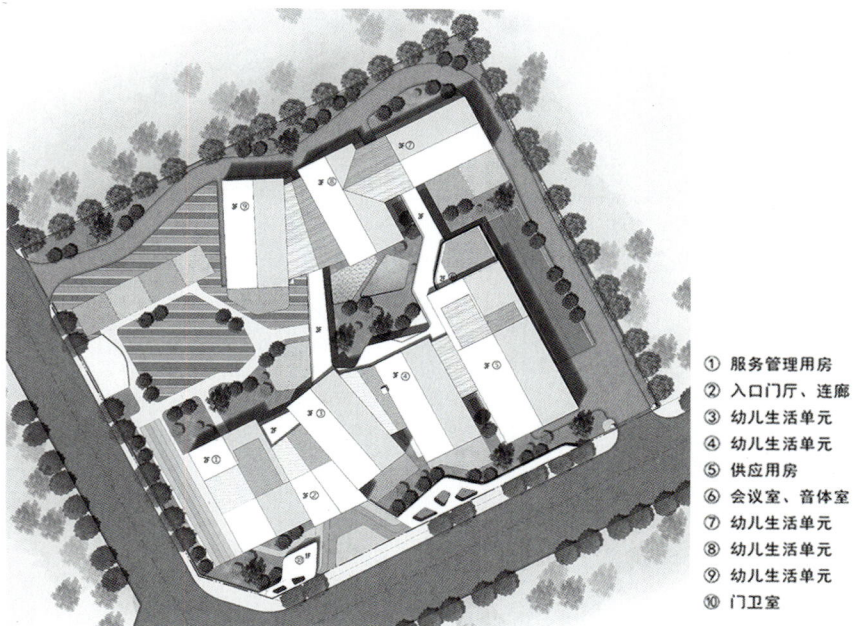

① 服务管理用房
② 入口门厅、连廊
③ 幼儿生活单元
④ 幼儿生活单元
⑤ 供应用房
⑥ 会议室、音体室
⑦ 幼儿生活单元
⑧ 幼儿生活单元
⑨ 幼儿生活单元
⑩ 门卫室

图 1-3-4　天府第三幼儿园功能分布图
（图片来自网络）

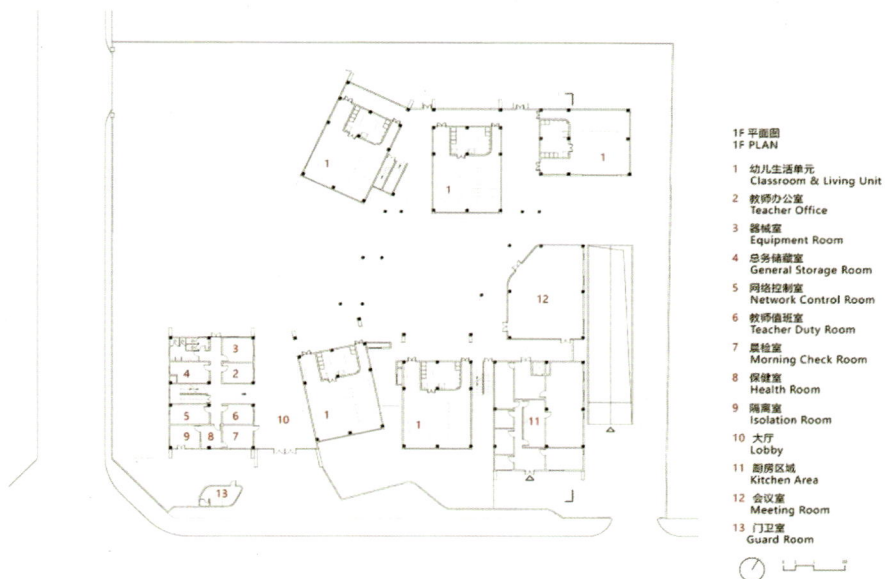

1F 平面图
1F PLAN
1 幼儿生活单元 Classroom & Living Unit
2 教师办公室 Teacher Office
3 器械室 Equipment Room
4 总务储藏室 General Storage Room
5 网络控制室 Network Control Room
6 教师值班室 Teacher Duty Room
7 晨检室 Morning Check Room
8 保健室 Health Room
9 隔离室 Isolation Room
10 大厅 Lobby
11 厨房区域 Kitchen Area
12 会议室 Meeting Room
13 门卫室 Guard Room

图 1-3-5　天府第三幼儿园功能分布平面图
（图片来自网络）

幼儿园二、三层通过连廊将建筑单元相互串联，形成一个"活力环廊"，环廊除了串联建筑的基本功能单元，也可作为开放式儿童阅览区、活动区、手工作品展示区，为儿童自发活动及情境教学提供了开放性的场所，有利于激发孩子们的探索天性（见图1-3-6）。

图1-3-6　天府第三幼儿园户外环境
（图片来自网络）

幼儿园建筑顶部引入天然采光，室内空间通透明亮，顶层为半开放通透感设计，在采光通风的双重保障下，也为幼儿展开户外活动提供了遮风挡雨的游戏场地（见图1-3-7）。

图1-3-7　天府第三幼儿园玻璃屋顶
（图片来自网络）

幼儿园总体规划完整细致，功能分布合理，尤其是内外环境的处理上，以教育理念统一整体环境，体现出"你中有我，我中有你"的灵动而包容、以和为贵的园所文化。

（一）室内学习活动区

室内学习活动区又可细分为学习生活区与服务管理区两部分。学习生活区主要有班级活动休息室以及室内各种公共活动室如舞蹈房、电脑房、美工坊等。服务管理区包括园长办公室、财务室、保健室、厨房、门房、安全监控室、储存室等。原则上学习生活区与服务管理区既要保持一定的距离,以免相互干扰,又不能分隔太远,造成服务管理的功能难以实现,所以恰到好处最重要,把握好尺度是关键。

图 1-3-8 所示为浙江绍兴金昌蒙德斐尔幼儿园的平面示意图,根据图片分析该幼儿园空间布局总体规划的特点,思考这样的功能划分与安置有何利弊。

图 1-3-8　浙江绍兴金昌蒙德斐尔幼儿园
(图片来自网络)

【小结】

浙江绍兴的金昌蒙德斐尔幼儿园,坐落于高密度老城区,萧绍运河从场地东南方流过,营造出老城淡泊宁静的生活气息。园区有 18 个班级,建筑面积达 16512 m²,设计以"绿野仙踪"为主题概念,将建筑分为 6 座白色"小屋",小屋面朝河流,围坐在一块起伏的"绿毯"之上,为幼儿打造了一所融于自然的天真乐园。

从孩子们的视角出发,园所本身就是一场森林奇遇记,孩子们喜爱的滑滑梯、趣味装置会在某个转角不期而遇,为孩子们准备的玩耍空间随处可见(见图 1-3-9)。

图 1-3-9　浙江绍兴金昌蒙德斐尔幼儿园户外环境
(图片来自网络)

屋顶活动空间是地面室外活动的延伸,保障了孩子们每天充足的户外活动时间,不受天气、时间、场地等客观因素影响;除此之外,屋顶空间还可以提供多种泛在学习活动,如种植、阅览、观星、展示、表演等。从地面的景观花园到屋顶的游乐场,孩子们自主规划其所需的活动空间,自在地去探索、发现。

室内场景以"绿野仙踪"主题,多元的大面积明亮色块搭配温暖的原木色被运用在各个空间,简单高效地划分使用功能。孩童喜爱的元素如圆拱、倒角等随处可见,内部空间的功能结合幼儿人体工程,以场景化的方式塑造个性化的教学空间(见图 1-3-10 和图 1-3-11)。光线穿过彩色玻璃,形成富有童趣的空间感受,同时加强空间的引导性,孩子们透过彩色玻璃观察窗外的世界,感知和往常不一样的景致。

"非典"发生之前,幼儿园医务室大多安置在室内楼宇最深处、不起眼的位置,随着《幼儿园工作规程》的颁布以及国家对流行性疾病防治监控的重视,幼儿园保健工作的重要性日益凸显,医务室安置于大厅门口附近,有力地促进了幼儿园晨检制度的落实。近几年新冠病毒的肆虐对幼儿园健康安全提出了更高要求,此外在春秋流感、手足口病、水痘等流行病高发期,落实晨检制度对控制疾病的发生,保障幼儿的安全起到了显著作用,使医务室真正成为幼儿健康安全的第一道屏障。

图 1-3-10 浙江绍兴金昌蒙德斐尔幼儿园室内环境一
（图片来自网络）

图 1-3-11 浙江绍兴金昌蒙德斐尔幼儿园室内环境二
（图片来自网络）

服务管理区中最重要的是厨房,而厨房的食品卫生安全是幼儿园工作的重点。因此,将医务室安置在厨房周围,有利于食品卫生的监督、生活用品的消毒检查。为防止噪声与油烟的干扰,厨房要尽量远离室内学习生活区,做好滤烟降噪处理;如条件达不到,应安置隔断墙,以减少或降低油烟和噪声对环境的污染。现阶段我国幼儿园没有幼儿专门的用餐大厅,幼儿均在活动休息室内进餐,因此厨房距学习生活区不宜太远,过远用餐时营养卫生的热饭热菜不能及时送达,影响饭菜质量。此外,厨房还应配备单独的消毒工作间,做好餐具、碗筷、口杯、毛巾等生活用品的消毒清洁工作,维护幼儿园健康环境,促进幼儿成长。

学习生活区的公共活动室,本着动静分开的原则合理安置,以大动作运动方式为主的活动室应尽可能安置在一起,如舞蹈房、体操房、武术室、影视厅、多功能报告厅等;而要求环境较安静的活动室尽可能靠近,如图书馆、棋艺室、茶艺社等。对幼儿园公共活动室应本着量入为出的原则,根据幼儿园经济条件配置,发掘综合利用的效能。

如:在会议报告厅的四周放上把杆,墙壁安装镜子,使报告厅在没有会议活动时可当舞蹈房使用,做到一室多用,实现利用效益的最大化;而图书馆、棋艺室也是一样,只要分配好活动的时间,两者可以合二为一;玩具储存室铺上地垫后就改造成了室内公共活动室(见图1-3-12)。因此,幼儿园不必追求大而全,可多在利用率上下功夫、做文章。

图 1-3-12　室内活动设施满足了下雨天幼儿游戏活动的需要

(图片来自网络)

学习生活区内各年龄班级活动休息室的安置虽然没有固定的模式,但安置时也要有全盘的考虑。如大班幼儿运动能力的发展较快,活动兴趣更高,适合安置在一楼靠近运动场的位置,方便幼儿活动;鉴于大班幼儿的身体状况及能力,利用他们离活动场地较近,可以适当给他们分配一些协助老师收拾整理活动场地器材、管理户外活动设施的任务,这对加强他们的责任感和自我意识具有重要意义。而小班幼儿肢体运动能力有待发展,决定了他们的活动方式以轻微运动为主,安排在二楼比较合适;其一,楼层不高,老师照顾幼儿上下楼梯方便;其二,距离运动场较远,可以减少场上的噪声干扰,使幼儿在一个较为安静的环境中,有利于幼儿尽早融入幼儿园集体生活。而中班幼儿的个体发育使其在活动能力和生活自理方面优于小班幼儿,且经过一年多的培养训练,有了一定的规则意识和安全上下楼梯的行为习惯,将他们安置在三楼更为妥当。将大班幼儿安置在一楼还有一个目的,即充分利用大班幼儿的活动热情,带动全园幼儿参与户外活动,形成良好的幼儿园户外活动氛围。

(二)室外运动游戏区

下面给大家带来两个案例,请根据相关材料信息分析幼儿园室外运动游戏环境该如何创设。

1. 郑州一八学校幼儿园理想国校区

一八学校幼儿园理想国校区利用优质自然资源打造园所环境,为幼儿营造了一个丰富多样的娱乐游戏户外场所。老师们充分利用环境优势,将幼儿教育挪到户外进行,以自然的力量,带领幼儿成长(见图1-3-13)。

通过户外课程,小朋友在快乐的游戏中了解自然规律,在栽种的活动中感受劳动的辛苦与收获的喜悦,在接触自然、认识自然的过程中培养对万物的责任心,在团体活动中锻炼交往的能力,大自然就成为小朋友最好的启蒙老师(见图1-3-14)。

场地中使用了如木屑、树皮、鹅卵石等多种自然材料,为幼儿多感官感受自然创造条件。木屑松软,小石头凹凸不平,幼儿可以体会同一环境下不同材料表面触感、温度的差异,满足幼儿了解自然的好奇心。

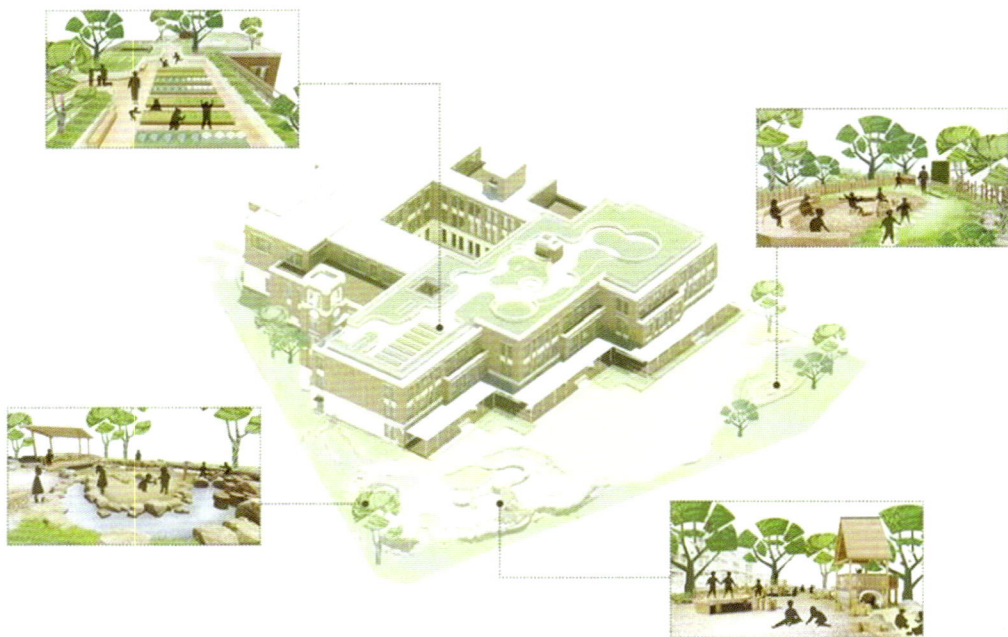

图 1-3-13　郑州一八学校幼儿园理想国校区
（图片来自网络）

图 1-3-14　郑州一八学校幼儿园理想国校区室外活动环境
（图片来自网络）

在色彩方面，幼儿园多以大地色系呈现，连地垫、滑梯都采用大地色系，与整体环境融为一体，摈弃传统模式中丰富鲜艳的人工色彩，真实地还原大自然，利用植被在不同季节的色彩变化，让幼儿在观察中发现四季更替（见图 1-3-15）。

图 1-3-15　郑州一八学校幼儿园理想国校区屋顶农场及室外活动环境
（图片来自网络）

园区屋顶的迷你农场，是孩子们最爱的地方。老师把农场交给各个班级的小朋友"认养"，大家在自己的"责任田"种植、浇水、捉虫、施肥，亲力亲为地劳动；同班小朋友还会自行安排"值班"，每天会派人上去照看自己班级的小麦。在二十四节气系列课程中，感受粮食从栽种到收获的生产过程，从中教小朋友认识不同农作物的种子，以及麦子是如何加工成面粉的，从中了解自然的规律，理解收成的不易。

2. 成都麓湖哈密尔顿幼儿园

麓湖哈密尔顿幼儿园也是一个室外环境创设比较成功的园所，它将园区每一处空间都充分利用，创造更丰富的场所功能来配合教学以及幼儿的各种玩乐活动。

如图 1-3-16 所示，在园区的室外场地中，利用建筑与活动区的高差，设置了一个坡道，形成过渡空间，将坡道设置成集攀、爬、滑、钻等功能于一体的游戏区域，既满足幼儿游戏活动的多样性需求，又解决了玩乐区域的无遮挡暴晒的问题。

图 1-3-16　麓湖哈密尔顿幼儿园的多功能游戏区
（图片来自网络）

在场地中心还设置了一个景观树池,受到孩子们的普遍欢迎。孩子们围绕着大树攀爬、在大树下讲故事、观察树影变化等一系列活动都将成为幼儿美好的童年记忆(见图1-3-17)。

图1-3-17　麓湖哈密尔顿幼儿园的室外景观树

(图片来自网络)

园区的建筑楼体像一个个趣味盒子,错落分布在园中。建筑外立面上开有不同大小的窗洞,保证充分的室内采光,营造出无尽变化的光影,明亮的色彩也为园区增添了活力。这种做法还延续到沙水区,在玩沙戏水区的隔墙上,不同大小的方形彩色玻璃窗,营造出活力生动的气息,与曲线气泡形的水池、沙池形成反差,丰富了景观层次,也为幼儿展开游戏增添了一片阴凉(见图1-3-18)。

图1-3-18　麓湖哈密尔顿幼儿园的建筑外立面与沙水区

(图片来自网络)

【小结】

幼儿园室外环境创设不仅发展较快,且没有固定模式,目前主要特点有:

1.重视对环境中自然资源的利用,自然与人工环境结合,营造充满童趣、孩子们喜爱的室外游戏环境。

2.在空间上打破室内、室外的界限,利用走廊、天窗等,实现空间"融通共享"的现代环境理念,为孩子们创造丰富多变的探索空间。

3.与课程结合,在自然环境中游戏,在游戏中实施教育。

室外运动游戏区又可细分为运动区、游戏操作区和休息区。其中运动区是幼儿园集体活动的主要场地,面积最大、占地最多,应优先考虑。休息区则可以安排在运动区四周有树荫处,方便幼儿等候和运动后休息。游戏操作区包括游戏器械区、玩沙戏水区、动物饲养区和植物栽培区等。其中,玩沙戏水区的安置应以不妨碍运动区中幼儿的活动为原则,安置在靠近水源的角落。动物饲养区和植物栽培区则应安置在阳光充足、离水源较近的地方,这样有利于动植物生长。饲养区最好与栽培区连为一体,这样从栽培区收获的蔬菜、瓜果能直接用于饲养区,成为动物的饲料;而饲养区动物排泄的粪便又能为栽培区提供生物有机肥料,形成动植物饲养区内的微型生态循环系统。生动、直观的循环模式是对幼儿进行环保教育的鲜活教材,为他们从小树立环保意识和环保的生活理念、培养健康的生活方式奠定基础。

二、功能的落实

环境以物质形态存在,其本身不具有教育价值,只有当人使用时,才会赋予它价值。因此,创设好环境固然重要,而如何落实环境的教育作用则更为重要。总之,要有健全的管理制度做保障,促进功能的落实;为避免活动区的相互干扰,在管理上做到合理分隔、安排有序、统分结合。如室外大型集体活动场地要有不同班级的固定位置和区域,同一时间不同内容由专门的老师负责,保证活动的正常有序开展。

总之,幼儿园环境的总体规划是一个幼儿园得以持续发展的根本,有了总体规划的幼儿园环境创设才能避免画蛇添足、盲人摸象式的盲目建设。在总体规划中,既要有全盘意识,又不必面面俱到;要有适当的弹性,为未来发展留下调整的余地和空间,只有将现实与未来联系在一起的总体规划,才会在今后的日子里使幼儿园获得稳步、健康的发展。

课后作业

1. 幼儿园总体规划指的是什么? 如何进行总体规划?

2. 以小组为单位,用示意图加文字说明,设计一个社区幼儿园环境的总体规划图。要求小组人数不超过三人。

第二章

幼儿园室外环境的创设

【主要内容】

本章分为四个部分:第一部分介绍幼儿园室外环境的构成以及室外环境中园门、围墙的设计;第二部分着重介绍幼儿园室外环境中的园区绿化与景观设计;第三部分重点介绍室外环境中活动场地的规划及设施设备的安置;第四部分简单介绍幼儿园建筑物外墙及墙面设计。

【教学目标】

了解幼儿园室外环境的构成,以及可能存在的主要安全隐患,熟悉室外环境创设应注意的事项;掌握户外活动场地规划及设置的基本方法。

第一节　幼儿园室外环境的规划与园门、围墙

一、幼儿园室外环境的规划

幼儿园室外环境是指幼儿园内除主体建筑外可供幼儿在户外自由活动和休憩的其他空间,包括户外游戏活动场地(如操场、运动场)、幼儿园园林绿化、水景喷泉、道路及园门、围墙等,是构成幼儿园整体环境的重要组成部分。

2016年3月1日起施行的《幼儿园工作规程》第六章第三十五条规定:"幼儿园应当有与其规模相适应的户外活动场地,配备必要的游戏和体育活动设施,创造条件开辟沙地、水池、种植园地等,并根据幼儿活动的需要绿化、美化园地。"

幼儿园室外环境的创设工作主要有三方面:一是创设有利于幼儿身体健康的室外环境;二是为幼儿的户外游戏与体育锻炼提供必要条件;三是挖掘环境中所蕴含的有教育意义的资源,为促进幼儿的全面发展服务。

幼儿园无论条件如何,在空间设计上,都应该为幼儿的室外活动配置足够的活动场地。这是衡量一个幼儿园是否具备办园资格的一项重要指标。目前城市中心区的幼儿园受土地价格影响很难完全做到,如何在有限的条件下提高土地的使用率,是目前摆在很多幼儿园面前的一道难题,当然通过精心设计、巧妙布局,扩展幼儿园空间的可能性依然存在。在这方面,许多幼儿园大胆尝试,勇于实践,取得了不少成效,为我们做出了表率。他们利用楼房架空层、屋顶平台,在寸土如金的闹市区为孩子们的户外活动开辟场所(见图2-1-1)。

图 2-1-1　屋顶平台

（图片来自网络）

　　湖北省省直机关第一幼儿园是一所以安吉游戏为特色的省级示范园，该园地处人口稠密的武昌火车站附近，为了给孩子提供优越的户外活动场地，他们将园所每一栋楼的屋顶开辟成户外游戏和运动场地，有效解决城市幼儿园户外运动场地不足的问题，也为科学合理利用园所空间做出示范。

　　户外阳光充足、空气新鲜，宜人的自然环境也是孩子们开展各种游戏的最佳场所。武汉经济技术开发区永久幼儿园应孩子们的要求在户外营造了一个农家小院，在满足孩子们体验农家生活愿望的同时，也为孩子们营造出一个温馨的户外角色游戏活动区，成为幼儿园户外环境的亮点（见图 2-1-2）。

图 2-1-2　农家小院

（图片来自武汉经济技术开发区永久幼儿园）

　　武汉经济技术开发区博学幼儿园将一楼架空层改造成运动场，尽可能为幼儿户外运动提供充裕的空间环境，受到孩子们的热烈欢迎（见图 2-1-3）。

图 2-1-3　幼儿园利用一楼架空层开辟运动场

（图片由武汉经济技术开发区博学幼儿园提供）

城市幼儿园在户外环境创设中最棘手的问题是空间不够，尤其是中心城区，为此幼儿园老师和领导们因地制宜，想方设法缓解矛盾，他们将屋顶改造成运动场，扩大了幼儿户外活动场地，并且利用架空层建设全天候跑道，解决了雨天幼儿户外活动难以开展的困扰，保障了幼儿户外活动的时间。此外，由架空层开辟的活动场地也是晴天幼儿户外活动时遮阳避暑的休息处，深受幼儿欢迎（见图2-1-4和图2-1-5）。

图 2-1-4　用楼房架空层建成全天候游乐场
（图片由武汉火箭军指挥学院幼儿园提供）

图 2-1-5　用楼房架空层建成全天候跑道
（图片由武汉火箭军指挥学院幼儿园提供）

二、幼儿园园门及围墙

幼儿园的园门与围墙的关系，如同坠子与项链的关系，如果说幼儿园围墙好似项链的话，那么园门就是项链上的坠子。它们是整个幼儿园外部形象的集中体现，是外界了解幼儿园的窗口。

幼儿园园门多种多样，有的造型复杂，有的简练，有的与幼儿园建筑风格统一，有的与幼儿园名字保持一致；有的甚至没有造型，直接与围墙连为一体。总之，幼儿园园门的样式多种多样，但无论采用哪种样式，都应与幼儿园办园特色、幼儿园性质相符合，与幼儿园整体环境相一致，与幼儿园建筑风格相协调，在色彩运用和图案处理上体现幼儿教育特点。

如武汉火箭军指挥学院幼儿园，用黄绿色的迷彩图案装饰园门，彰显幼儿园的部队属性，体现军营幼儿园的特色，如图2-1-6所示。

图 2-1-6　部队幼儿园园门
（图片来自武汉火箭军指挥学院幼儿园）

而位于居民区的武汉华锦新乐思幼儿园园门简洁朴素，体现幼儿园贴近百姓、服务社区居民的普惠制性质；园门、围墙设计与幼儿园的现代建筑风格一致，共同营造园区整体统一的外部形象，如图2-1-7所示。总之,园门与围墙设计有着较高的自由度和想象空间,一个成功的幼儿园园门设计既能做到与整体环境及建筑风格统一,又能彰显幼儿园办园特色。

图 2-1-7　华锦幼儿园园门与建筑
（图片来自武汉华锦新乐思幼儿园）

现阶段我国幼儿园围墙大多为半封闭式,而国外正好相反,不少幼儿园几乎没有围墙,体现出西方教育的开放性特点。我国半封闭式的幼儿园围墙,既吸收借鉴了国外的有益经验,又结合了我国人口众多的现实国情,这种做法一方面加强了幼儿园与社会的联系,有利于社会了解幼儿园、家长熟悉幼儿园环境;另一方面半封闭式的幼儿园围墙有利于教育资源共享,实现幼儿园、家庭、社会共育,体现了幼儿园服务社会、融入社区的发展趋势。

现在不少幼儿园都在形成自己的教育特色、树立教育品牌上下功夫,如果幼儿园在园门、围墙的设计上能与园所文化相联系,会进一步突出幼儿园办园特色,对形成幼儿园教育品牌起到良好的辅助作用。此外,幼儿园还可以结合幼儿园标识来进行园门、围墙设计,如此必能更好地体现幼儿园文化内涵和文化品位。总之,幼儿园园门以及围墙的设计要美观大方,既能体现幼儿园的办园特点,又能反映园所文化,成为幼儿园对外展示的窗口和名片。

课后作业

设计一个以艺术或体育教育为特色的幼儿园园门与围墙造型。

要求:平面、立体均可,材料不限。

平面以示意图形式展现,规格为 8 开纸大小。

立体采用泥塑或纸质模型均可,大小为 15 cm×15 cm×10 cm。

第二节　幼儿园绿化与景观设计

一、园区绿化

幼儿园为生活在园内的幼儿提供舒适健康的生活环境,绿化是重要内容。幼儿园绿化以栽花种草、广植树木为主,在实施中结合当地气候条件、自然环境、地形地貌特点,通过综合考虑不同植物的植株特征,如姿态形状、花期时间、花叶颜色等进行巧妙搭配,营造一个优美、惬意的户外环境,使幼儿在环境中得到美的熏陶，获得愉悦的情感体验，促进幼儿的身心朝着健康快乐的方向发展，为启迪幼儿的审美意识、激发幼儿创造美的行为、营造舒适健康的环境创造条件。

幼儿园绿化不单追求环境视觉上的美化、心灵的愉悦，更重要的在于，利用栽种绿色植被达到净化空气、提高环境质量的目的。环保人士认为绿色植物是制造新鲜空气的"工厂"，幼儿园绿了，园区内空气自然清新，孩子们的健康才能有保障；园子绿了，花儿开了，幼儿园美了，园内就会生机盎然，生活在此的人们心情会更舒畅。而从植物体内散发的芬芳气味，能使人心旷神怡，自然界中许多植物如香樟、艾叶、茉莉、女贞等本身就具有抑菌、杀菌作用，是环境天然的消毒站；同时绿色植物还有吸收粉尘、净化空气的能力，还可吸音降噪，是天然除尘器和隔音器；众所周知，绿色植被还能调节和改善局部气候（据测定，树荫遮蔽下的建筑物比曝晒时，室内温度要低 3～4 ℃，绿色植物对改善局部环境具有积极作用）。

幼儿园的绿化工作就是广植绿色植被，栽种花草树木；利用绿色植物的物理功能和生态效应服务于幼儿园。其中常绿植物对环境影响最大，但其生长期较长，为弥补这一不足，在绿化中常与灌木及藤本植物一起种植，使乔木与灌木相搭配，长绿与落叶互相补充，营造四季皆有绿色的幼儿园环境。此外，绿化中所种植的植物品种要丰富，且尽量使用当地植物，一方面能保持环境的生态性，另一方面栽种当地植物成活率高，可以节约成本，避免不必要的浪费。

幼儿园绿化常用乔木与灌木、草坪结合构筑的立体植被环境模式，利用不同植株本身的颜色排列成植被图案也是园林绿化的常用手段（见图 2-2-1 和图 2-2-2）。与此同时，根据植物开花落叶时段的不同，将植物间隔开来种植，使园区不同季节都有花的身影，不同季节都能闻到花的芬芳，不同季节都有别样的景致。丰富多样的植物品种、时时变化的生长过程，必然会引起幼儿探索的欲望，激发幼儿观察自然、了解动植物的兴趣，从而培养幼儿亲近自然的情感；同样，丰富多彩的植物是幼儿收集植物茎叶果实，制作手工作品，进行艺术创作的最好材料来源。

图 2-2-1　乔木与灌木、草坪构筑的立体植被环境
（图片由武汉城市职业学院北校区提供）

图 2-2-2　利用不同植株的颜色排列成植被图案
（图片由武汉城市职业学院北校区提供）

绿化是一项长期工作，要统筹安排，长远规划，最好与园内基础建设联系起来（见图 2-2-3）。如新建幼儿园，植被刚入土，园所内立体绿化尚未形成，此时可以在窗台及阳台外栽种一些生长快、易成活的藤蔓等攀爬植物，既可以打破建筑造型上的单调，又可弥补视觉色彩上的不足。

如果幼儿园占地紧张，楼宇之间的间隔带也可在绿化中有所作为。设置花坛、铺设草坪，既装点了地面，又可减轻空间狭窄带来的压抑感。如果还能栽种一些藤蔓植被，让植物顺着花坛、沿着楼宇墙体攀爬，将花坛、地面与墙体连成一体，将水平面与立面结合，使植被与建筑有机地联系起来，从而构成园区空间的立体绿化格局，那将美不胜收，别有一番情趣。

只要用心经营，善用、巧用资源，幼儿园一定能四季花枝繁茂，终年绿荫映地，一定能成为孩子们幸福的摇篮、快乐的天堂。

图 2-2-3　在园林中贯穿道路的绿化,与园林交相呼应、相得益彰
(图片来自武汉城市职业学院北校区)

需要提醒的是,幼儿园在环境绿化时,应严格遵守国家关于幼儿园植物栽种注意事项的相关规定,禁止有毒、带刺、存在安全隐患的植物(如紫藤、毛地黄、八仙花、山谷百合、夹竹桃等)进入幼儿园,防止幼儿因误食而造成中毒。教师更应该树立植物安全意识,提高甄别有毒、有害植物的能力,避免幼儿在园区接触到有毒植物,防止幼儿被有毒植物刺伤,清除安全隐患。图 2-2-4 所示为四种常见的有毒花卉。

毛地黄

山谷百合(五月花)

紫藤(曼陀罗)

八仙花

图 2-2-4　四种常见的有毒花卉

此外,植物花粉过敏也是幼儿园安全不可忽视的问题。据统计,全球范围内有 30% 至 40% 的人患有不同程度的过敏症,儿童的这一比例更高。而在日常生活中植物花粉是直接引起过敏症的诱因之一,最常见的皮肤瘙痒、荨麻疹、支气管哮喘、鼻炎等大多是由花粉引起的。儿童 80% 以上的哮喘是由花粉过敏引起的,鼻炎、结膜炎和咽炎等疾病的罪魁祸首更是花粉。花粉过敏程度轻,则让人感觉痛苦不适,严重时若不及时治疗会危及生命。因此,在幼儿园中禁止栽种法国梧桐、柳树、杨树、桦树等飘花撒粉的植物(见图 2-2-5),以减少幼儿近距离接触花粉的机会,降低花粉过敏的概率,为幼儿的健康创造舒适怡人的环境。

法国梧桐树

柳树

杨树

桦树

图 2-2-5　常见的飘花撒粉树种

二、园林庭院与雕塑

为幼儿提供优美舒适的户外环境，不仅可以让孩子们在环境中感受美、欣赏美，也会让孩子们在与自然的接触中感悟生命的价值、体验成长的快乐。将园林艺术引入户外环境是幼儿园为此做出的大胆而有意义的尝试，园林小景不仅是环境的点缀，也是户外活动时孩子们休憩的空间，更是在特殊情形下能够满足孩子独处要求的安静一隅（见图 2-2-6）。

图 2-2-6　精致的小庭院

（图片来自武汉沙湖湿地艺术公园）

雕塑是一种利用物质材料来塑造立体空间的造型艺术。在幼儿园中，雕塑以其特有的形式吸引孩子们的目光，是幼儿园中极具观赏性的艺术。幼儿园雕塑从制作材料上可分为金属雕塑、木质雕塑、石材雕塑及人工合成材料雕塑；从表现风格上看，有现代与传统之分；从呈现方式来说，有静止的和活动的，有有生命的和无生命的区别。经过园艺师加工的植物造型，就像是一个个有生命的活雕塑。

幼儿园中的雕塑是环境的"点睛之笔",它能使平淡无奇的环境立刻充满生机和活力(见图2-2-7和图2-2-8)。为达到这一目的,雕塑一般采用与周围环境对比的做法,如色彩上的对比、空间上的对比、造型上的对比等。如图2-2-9所示为绿色的无造型的草坪与经过修剪的立体植株。

图 2-2-7　自然环境中用植物制成的雕塑
(图片由武汉经济技术开发区博学幼儿园提供)

图 2-2-8　绿色草坪上的糖果雕塑
(图片由武汉经济技术开发区博学幼儿园提供)

图 2-2-9　植物景观造型
(图片来自武汉市武昌区水果湖街景)

随着社会的不断发展进步,活动型、声光电结合型雕塑也开始进入幼儿园,为幼儿园环境注入科技的成分,使幼儿园日益成为激发孩子们幻想、启发孩子们思考的乐土。

三、道路设计

幼儿园园区内的道路设计有两个功能:一是划分区域,利用道路将幼儿园内不同区域分隔开来,使各区域功能一目了然;二是联系、沟通区域,利用道路的串联作用将各个不同区域连为一个整体,使道路成为各区域之间的桥梁和纽带,使区域间在整体上完整,在功能上又相互区分。

道路在设计上首先应该考虑的是使用时的安全——防滑(见图2-2-10),其次才是美观。结合幼儿的年龄特点,铺设一些富有童趣的路径,如在草地上铺设板状石条或"脚丫路"(见图2-2-11和图2-2-12),替代生硬的路径指示和冷漠的"禁止踩踏草坪"的警示,让富有情趣的路径引导幼儿自觉遵守园所规则,让环境引导幼儿养成良好的行为习惯,实现自我成长。走在这样的道路上,幼儿不仅可以踩着"脚丫"蹦跳,而且可以边走边数数。环境在提高幼儿肢体动作的协调性、帮助幼儿锻炼身体的同时,又促进了幼儿的自主教育和自我成长,使环境处处体现教育性原则,彰显幼儿园(环境)处处皆教育的理念。

图 2-2-10　防滑道路

（图片来自武汉沙湖湿地艺术公园）

图 2-2-11　石板路

（图片来自武汉城市职业学院校园）

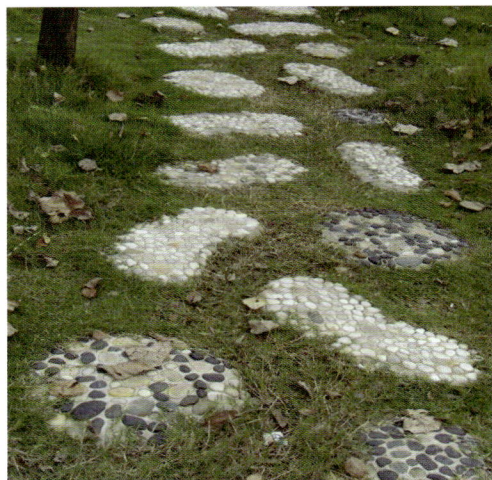

图 2-2-12　"脚丫路"

（图片来自武汉城市职业学院校园）

四、水景设计

　　孩子们天生乐水、爱水，一个爱孩子的幼儿园就应该为孩子们创造亲水、戏水的条件，设置安全的亲水环境，如喷泉、水池、亲水平台等设施。幼儿园中的水景设置也是幼儿健康生活的需要，有人说有水景的幼儿园其实就是为幼儿营造了一个天然氧吧；因为从喷泉、跌瀑中喷射出的细小水滴不仅能增加空气湿度，它们与空气摩擦时所产生的负氧离子对人的健康也非常有利。

　　然而水景最让人担忧的是安全问题，水景的安全隐患不容忽视，其中尤以溺水占首位。为防止这一不幸事故的发生，幼儿园内的水池、亲水平台的蓄水水位不得太高，水深以幼儿跌入水中抬头能将鼻子露出水面为宜，因为长期浸水的水池、喷泉底部易生绿苔，如果不经常清洗，一旦幼儿落入水中后，绿苔打滑，幼儿很难凭借自身的力量站立起来，此时只要水深适宜，幼儿口鼻能露出水面，就不会有生命危险。

　　水景的设置除满足幼儿嬉水游戏的需要外，也是园所内的一道景观（见图 2-2-13 和图 2-2-14），夏季水池中盛开的莲花、生长的莲叶，以及水池中饲养的鱼虾，既丰富了园区的景致，又是幼儿观察自然的素材、探索学习的资源。教师可以利用这些开发特色课程，如利用水流产生的动能设置小水车、水磨等，使幼儿了解科学常识,在体验中感受知识、开阔眼界,为幼儿的科学探索埋下启迪的种子。

图 2-2-13　幼儿园沙水游戏区
(图片由武汉大学幼儿园二分园提供)

图 2-2-14　轮胎养鱼池
(图片来自武汉常青童馨幼儿园)

课后作业

1. 幼儿园户外环境创设中存在的安全隐患有哪些?如何避免事故的发生?如何消除安全隐患?试谈谈你的想法。

2. 为什么要营造绿色幼儿园?绿色幼儿园对幼儿成长有何作用?

第三节　幼儿园户外活动环境设置

植物的生长离不开太阳,幼儿的成长离不开阳光,幼儿天生活泼爱运动,创设良好的户外活动环境,对促进幼儿身体健康、完善幼儿心理发展具有重要意义。

城市幼儿往往因户外活动不足,出现钙的吸收障碍等问题,解决的有效途径就是增加户外活动时间,加大户外活动量,因此幼儿园户外活动场地的设置就显得尤为重要。图 2-3-1 所示为湖北省省直机关第一幼儿园,用不同颜色区分不同性质的户外活动场地,标记出活动范围与路径,使全园的户外活动能够有条不紊地开展,既满足了幼儿的活动需要,也便于教师管理。

户外活动环境按功能分为以下区域:游乐区、体育活动区、玩沙戏水区、种植饲养区等。一般来说,体育活动区为全园开展大型集体活动的场所,应设置在户外活动场地中央,占用面积最大;而游乐区和玩沙戏水区则应安置于体育活动区周围,有树荫、近水源处;种植饲养区则应安置在户外向阳的地方,保障动植物生长。

图 2-3-1　幼儿园户外活动场地
（图片来自湖北省省直机关第一幼儿园）

一、游乐区

　　游乐区是户外活动中聚集人数多、幼儿们最喜欢的地方。游乐区里各种游乐设施可满足孩子们玩耍、嬉戏活动的需要，锻炼幼儿身体大肌肉群，促进幼儿身体协调性发展；在游戏活动中，幼儿交往面扩大，这对其形成良好社会行为、培养活泼开朗性格亦有帮助。因此，幼儿园在建设时大多将游乐设施纳入基础建设之中，足见其重要性。

　　为安全起见，在购买游戏设施、器械时，一定要选择有安全保障的正规厂家的合格产品，所购买的器械和设施必须符合国家安全标准；游乐设施一般安置在软质地面，如草坪、塑胶地垫、沙地上；大型游戏设施应支撑平稳，设置牢固，具有一定的防风、抗震能力，以确保幼儿游戏的安全；已安置完成的器械，要有完善的管理制度与之相配套，做到"双落实"，即制度管理落实到人、职责任务落实到人；做好器械设施的定期检查、日常保养与维护，排除安全隐患，及时淘汰超过使用年限的设施设备，保障幼儿的健康与生命安全。图 2-3-2 和图 2-3-3 所示为湖北省省直机关第二保育院户外游戏设施。

图 2-3-2　幼儿园户外游戏设施——倾斜的房子
（图片由湖北省省直机关第二保育院提供）

图 2-3-3 幼儿园大型户外游戏设施——树屋
(图片由湖北省省直机关第二保育院提供)

　　游戏器械设施的使用有一定的年限,即便保养得再好,时间一到,安全难以保证,与其如此,幼儿园不如拿出一部分资源服务社会、社区居民。因为大多数尤其是公立普惠制幼儿园的建设资金来源于政府拨款,而政府拨款来自社会成员纳税,服务社会、服务社区也就是服务纳税人,这也是公立幼儿园应尽的责任与义务。有舍才有得,幼儿园只有舍得给予他人,才会获得更多社会回报。

二、体育活动区

　　游乐区与体育活动区在实际使用上往往连为一体,只以不同颜色的塑胶地面将区域分隔开来(见图2-3-4),或通过空间材料的设置实现不同的用途,如安置游戏设施时就是游乐区,投放体育活动器材后又成了体育活动区。可根据不同时段的需要,随时调整和改变用途,如要开展全园的集体活动时,把游戏设备收起,腾出空地来,就成了体育活动场地。

图 2-3-4 按颜色划分活动区域的户外活动场地
(图片来自湖北省省直机关第一幼儿园)

幼儿园体育活动区由运动场和固定器械两部分组成。

有办园资格的幼儿园都必须按照国家相关规定,设置带跑道的运动场,为幼儿提供适合他们年龄特点,又能促进幼儿跑、跳、钻、爬、滚、滑、荡、吊、平衡等动作协调发展的运动器械。

运动器械的安置要求与游戏器械大体一致,不同运动器械的设置要相互照应,还要注意以下几个方面。

其一,面向全体,照顾到全园幼儿。同一幼儿园不同年龄(大班、中班、小班)均要有所顾及;不同年龄层次幼儿运动能力发展水平不同,动作发展的目标也不同;同一年龄层次,不同幼儿个体运动协调能力也有差异,运动器械的设立应充分考虑这些因素,以满足不同幼儿发展的需要。

如小班幼儿活动设施以小型单个的器械为主,较合适的器械有木马、跷跷板等,而大班幼儿适合的器械有秋千、滑滑梯、爬绳等。同一班级不同幼儿个体,运动能力发展水平也有差距。这些问题在器械安置时都必须考虑到,因此器械安置既要多样化,又要有层次性,以满足不同年龄、不同运动能力发展水平的幼儿需要。

武汉市直属机关曙光幼儿园室外运动设施中,有一组以发展幼儿肢体运动及平衡能力为目的的运动器械,设施从造型到材料完全一样,只不过安置高低不同,使同一设施可钻、可踩、可吊、可爬,具有了多样的使用性,同时又根据不同年龄幼儿运动能力、运动方式的不同,设置不同高度,体现了设施运用的层次性和差异性,实现了全面性,如图2-3-5所示。

其二,运动器械的安置要做到布局合理。各个器械之间既有距离,又有联系。有难度较低的,有难度较高和难度中等的,设置时根据运动方式和难度,将功能相同或难易相近的器械配置在一起:一方面由于运动器械的使用与幼儿个体运动能力发展水平有关,通过器械的安置将运动能力不同的幼儿分开,使运动水平相近的幼儿聚集在一起,能保障运动质量,便于幼儿之间的交流,同时也便于管理;另一方面当器械设置不足,供需失衡,某种器械设施前等待的幼儿过多时,将运动方式与难度相近的器械设施安置在一起,可使幼儿方便地选择其他器械代替,不会造成幼儿因长时间等待,而降低活动积极性的现象。

其三,为保障安全,器械的安置应有配套防护设施。器械应安置在塑胶、沙土等具有保护作用的松软地面上。单位面积内器械的投放要合理,不单求数量,更要考虑利用率及活动效果。器械之间的间隔要适当,器械之间合适的间隔,能使活动开展互不干扰,防止意外事故发生。器械设施间隔过小,易造成空间紧张,活动开展受限,影响幼儿活动的积极性,并且过于拥挤会带来安全隐患;间隔过大也同样不利,间隔过大,活动中幼儿的交流不够,难以形成活动氛围,也会影响活动效果。图2-3-6所示为武汉市洪山区海丽达南湖山庄双语幼儿园的部分户外活动设施设备。

图 2-3-5　按不同高度设置的户外活动设施
（图片来自武汉市直属机关曙光幼儿园）

图 2-3-6　常见的户外活动设施设备
（图片来自武汉市洪山区海丽达南湖山庄双语幼儿园）

其四,除设置固定的游戏活动器械外,活动场地还可设置小型器械作为补充,以备不时之需,如图2-3-7所示。

图 2-3-7 小型户外活动器械
（图片由武汉经济技术开发区博学幼儿园提供）

小型活动器械是户外运动中最受幼儿欢迎的材料，一方面在活动人数过多时可以分散人流，缓解器械紧张的问题；另一方面，大型器械一般为固定器械，不仅投资大、占地多、不易挪动，并且不易更换，长时间使用，势必造成新鲜感降低、幼儿活动兴趣下降等问题。而适时增添一些小型、临时性活动器械，就会大大改变这种状况。图 2-3-8 所示为武汉大学幼儿园二分园的孩子们正在户外开展游戏活动。

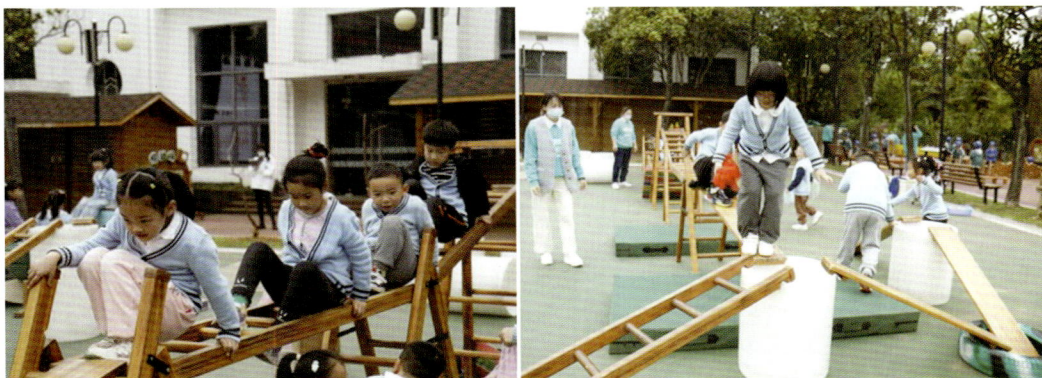

图 2-3-8 孩子们在户外开展游戏活动
（图片由武汉大学幼儿园二分园提供）

另外，幼儿园也可利用当地自然资源，设计制作一些具有当地特色的玩具设备，这既可满足更多幼儿活动的需要，又使当地自然资源成为幼儿园可利用的教育材料（见图 2-3-9）。鼓励幼儿从家里自带玩具到幼儿园参加户外活动，也不失为一种好办法。如果幼儿园能将幼儿的学习与游戏结合起来，让幼儿在老师的指导下，自己动手制作一些简单的玩具带到户外玩耍，不仅可以解决器械紧张带来的矛盾，以及长期使用某一固定设施造成的游戏兴趣减弱等问题，而且自己制作的玩具器械，玩耍起来更能使幼儿获得成就感，对活动的开展以及幼儿的学习有极大的促进作用，是一举多得的好事。

总之，幼儿园环境的创设是一项长期、艰巨、富有创造性的工作，作为教师应不断学习，不断提升自己的能力与水平，通过更新户外活动材料、变换活动内容、改变活动形式，把握户外活动的发展方向，让幼儿对户外活动的兴趣始终保持在一个较高水平上。

最后，幼儿园在活动器械的选择上，应选取具有儿童特点、富有情趣、充满创造性的器材；用器械奇特的造型、充满装饰趣味的色彩，如长颈鹿滑梯、长臂猿秋千等，吸引幼儿参加户外活动。通过器材，锻炼幼儿的身体，提升幼儿的想象力和创造力。

湖北省武昌实验小学附属幼儿园将废旧轮胎当作活动器械，将器械的收纳与新颖、别致的墙面设计结合，构成一项装置设计艺术作品，深受孩子们的欢迎，如图 2-3-10 和图 2-3-11 所示。

图 2-3-9　教师利用当地资源自己动手为孩子们制作的活动玩具及器械

（图片来自咸宁市直属机关幼儿园）

图 2-3-10　用轮胎作为活动设施的幼儿园及墙面

（图片来自湖北省武昌实验小学附属幼儿园）

图 2-3-11　用作储存设施的墙面设备

（图片来自湖北省武昌实验小学附属幼儿园）

　　有条件的幼儿园还可以有意识地设置一部分具有一定可控性的"危险性"和"挑战性"的器械（见图 2-3-12），以满足运动能力较强的幼儿发展需要。尤其是小"危险性"、具有一定刺激性和难度的器械，为男孩天生具有的挑战精神提供了施展的舞台，在满足他们"涉险"的好奇心的同时，使他们旺盛的精力有了释放的机会；而在可控环境下的挑战，既符合男孩性格发展的需要，又可以做到以可控的"挑战"替代无法预知的偶发性危险事故，避免了意外的发生。

图 2-3-12　适合中、大班幼儿使用的具有较高难度和一定挑战性的活动器械

（图片来自武汉火箭军指挥学院幼儿园）

三、玩沙戏水区

　　水和沙是户外游戏中幼儿最喜爱、最容易获取的游戏材料。为玩沙戏水所设置的区域则是孩子们最

热衷的游戏区,被誉为户外的建构区。在玩沙戏水中,孩子们有了亲近自然的机会,活动满足了幼儿建构知识的需求,是培养幼儿的空间意识、发展空间造型能力、锻炼他们肌体的最好方式,所以幼儿园一定要为孩子们创设有玩沙戏水条件的户外游戏环境。

沙坑大小应根据幼儿园规模,与在园幼儿人数相匹配,形状不限,可以是长方形、圆形、三角形等。沙坑中沙的厚度在 40 厘米以内,周围配以防护装置与硬质地面隔开。沙坑的出口处要有脚踏垫(见图 2-3-13),这样可以防止幼儿的鞋将沙土带进教室,保持室内环境的干净整洁,亦可防止幼儿因为脚上有沙在硬质地面上摔倒,保障幼儿安全。

沙坑中还应配备必要的玩沙工具,如塑料铲、塑料桶、沙漏、塑料推车等,为幼儿游戏提供便利。

戏水区也大致如此。戏水区与玩沙区可以安置在一起,也可以分开。安置在一起,水和沙可以一起玩(见图 2-3-14)。需要注意的是,这时需要划分出中间地带。水、沙一起玩只能在中间地带,不能越界,否则水灌入沙坑,会影响玩沙的孩子;而沙入水池,不仅易堵塞下水道,还会造成水池打滑,带来安全问题。

图 2-3-13　沙坑出口处的脚踏垫
(图片来自湖北省武昌实验小学附属幼儿园)

图 2-3-14　与戏水区融合的沙坑
(图片由武汉大学幼儿园二分园提供)

四、种植饲养区

幼儿园里种植饲养区是幼儿探索自然奥秘、了解生命规律的天地,也是孩子们特别感兴趣的地方。

种植区(见图 2-3-15)里栽培易生长的植物、常见的时令果蔬,能让幼儿直观地了解植物的习性,他们通过参与种植,感受劳动的辛苦与收获的快乐,体验"粒粒皆辛苦"的含义。

图 2-3-15　种植区和在种植区玩耍的孩子们
(图片来自武汉火箭军指挥学院幼儿园和武汉经济技术开发区永久幼儿园)

饲养区里饲养一些性格温顺、好养易活的小动物,如鸡、鸭、鹅、小白兔、鸽子等,幼儿通过饲养动物、照顾小动物,为小动物添食、喂水,感受生命成长的过程,感受养育的艰辛。在迎接生命的惊喜与送走生命的不舍中体验生命的价值,感受生命的可贵,在孩子幼小的心灵中植下尊重生命、珍惜生命、关爱自然的种子。

在幼儿园户外,种植区常与饲养区连在一起或相邻设置。种植区与饲养区安置在一起,从饲养区中产生的动物粪便,是种植区中最好的有机肥,而种植区生长的蔬菜、水果又是饲养区内动物们的天然饲料。两者有机结合,既达到资源的高效利用,又是对生态型环境的最好的诠释,对幼儿环保意识的培养具有直观的启迪。

有的幼儿园将种植区与绿化带联系在一起,在绿化带中栽种当地的植物,为孩子们提供认识了解当地物种的条件,开辟可供孩子们种植的区域,让幼儿学习简单的植物栽培技术,在满足幼儿探索植物奥秘的同时,让孩子们用自己的劳动来装点美化园所环境。幼儿园将园林艺术与园区绿化结合,也给孩子们开辟了一个可以独处或谈话的私密空间,丰富了户外环境的功能,同时提升了户外环境的艺术性(见图 2-3-16 和图 2-3-17)。

图 2-3-16　庭院景观一
(图片来自武汉沙湖湿地艺术公园)

图 2-3-17　庭院景观二
(图片来自武汉沙湖湿地艺术公园)

第四节　建筑物外墙及墙面设计

著名教育家陶行知先生曾提出"环境处处皆教育"的理念,幼儿园内建筑物外墙也是户外环境的一部分。新型现代化的幼儿园在建筑设计时已对墙面进行了统一的处理,不必再进行过多的装饰美化,否则破坏整体效果,得不偿失。一些老幼儿园在园所改造中,则可以对原有建筑物外墙进行适当改造。一方面可以加固建筑,另一方面可以利用外墙空间发挥其他作用。如在外墙上安置攀爬设备,既美化了墙面,又将墙壁改造成幼儿体育锻炼的设施;还有的幼儿园直接将墙面改造成涂鸦墙,满足幼儿涂鸦的需要,成为幼儿艺术表现的舞台。这些扩大外墙使用功能的方式,是幼儿园特有的,是老师对幼儿园环境利用的有益的尝试。

有条件的幼儿园还可以在外墙周围栽种藤蔓植物,配以树木花草点缀,将钢筋混凝土的建筑墙面赋予生命的意义。还有一些幼儿园在靠近人行道两侧的建筑外墙上设置橱窗、宣传栏介绍幼儿园的发展,展示教师风采、幼儿们的学习成果。

如武汉大学幼儿园二分园,秉承继承革命传统,发扬红军精神,创建有特色幼儿园的理想,将一块有护坡的外墙,改造成雪山、草地和革命圣地延安的窑洞等"红色遗迹",让孩子们在"重走长征路",最后到达革命圣地延安的游戏中,体验红军长征的艰险,感受历经磨难后取得胜利的喜悦,以游戏形式对孩子们进行思想教育,也让孩子们在攀爬游戏中获得体能上的锻炼,成为幼儿园园墙利用的典范,如图 2-4-1 所示。武汉市武昌实验小学附属幼儿园在紧挨历史建筑的教学楼外墙上安置艺术橱窗,展出师生们的书法作品,为园所文化增添了风采。橱窗造型设计与灰瓦白墙的中国传统建筑风格相呼应,使新老建筑之间有了必然联系,形成园所建筑整体上的统一风格,如图 2-4-2 所示。

图 2-4-1 幼儿园建筑墙体上的游戏设施
(图片由武汉大学幼儿园二分园提供)

图 2-4-2　幼儿园建筑外墙上的橱窗
（图片来自湖北省武昌实验小学附属幼儿园）

　　还有一些幼儿园将建筑物外墙直接建成园所文化墙，既宣传了幼儿园，传播了幼儿教育信息与动态，又强化了家、园的联系与互动，为全面实现幼儿园教育目标服务。

课后作业

　　1. 规划一个包括运动场地、道路、活动设施、种植饲养区在内的幼儿园户外环境，画出示意图并附带标注和文字说明，不少于 300 字。

　　2. 从以下任务中任选其一完成。

①设计一个美观实用的幼儿攀岩运动墙的背景装饰图案。

②设计一个饶有童趣的幼儿园户外游戏、体育锻炼器械的存储装置或设备。

要求：4 开纸大小，以线描加彩绘形式表现。

第三章

幼儿园室内环境规划与公共环境的创设

【主要内容】

本章共分两部分:第一部分介绍室内空间的分隔与布局;第二部分谈幼儿园室内公共环境的创设。

【学习目标】

了解幼儿园室内空间的分隔与布局的方法,为提高空间利用率奠定基础;了解幼儿园室内公共环境的创设思路、创设原则、指导思想,掌握创设的规律及一般方法。

第一节　幼儿园室内空间的分隔与布局

一、幼儿园室内环境概述

室内空间是幼儿园环境的主体部分,是幼儿活动和休息的主要场所。室内环境从广义上看即指幼儿园主体建筑内部所有空间,包括不同班级活动室和休息室、园所办公室、财务室、接待室、门厅、走廊、过道、楼梯等。狭义上的室内环境指幼儿园各班级活动休息室,包括区角和主题活动场所等,其中幼儿园班级环境又是我们研究的主体。

室内环境研究的具体内容,包括幼儿园室内空间的布局与分隔、幼儿园公共环境、幼儿园区角环境、幼儿园主题活动场所与墙饰等。

二、室内空间的整体规划

幼儿园室内空间作为幼儿园整体环境的重要组成部分,其分隔与布局体现了科学性与实用性相结合、服务幼儿、优化教学等特点。室内空间的整体规划包括:空间的布局与分隔、色彩的设置与使用。

1. 室内空间的布局与分隔

室内环境的布局与分隔是幼儿园环境创设的核心之一,幼儿园室内空间的划分虽没有固定的模式,但可以从一些成功的案例中发现一些诀窍,寻找出一些基本规律。下面以武汉小哈佛幼儿英语培训学校教学楼的内部空间分隔为例(见图 3-1-1),考察其特点。

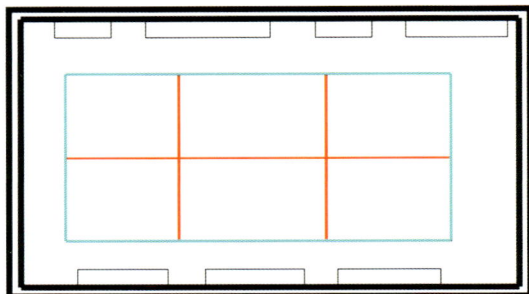

图 3-1-1　武汉小哈佛幼儿英语培训学校内部空间平面示意图

黑色双粗线为墙壁,南北两边的长方形为落地式的窗户,中间是由六个背靠背的方形教室组成的大长方形,红线部分是隔墙,蓝色边框部分是半人高的透明玻璃墙。从走廊透过玻璃墙往里看,整个教室一览无遗。图 3-1-2 至图 3-1-5 所示为该学校室内空间场景。

图 3-1-2　半人高的通透的玻璃墙壁
（图片来自武汉小哈佛幼儿英语培训学校）

图 3-1-3　教室外的走廊及落地窗
（图片来自武汉小哈佛幼儿英语培训学校）

图 3-1-4　半通透的门
（图片来自武汉小哈佛幼儿英语培训学校）

图 3-1-5　窗栏座椅
（图片来自武汉小哈佛幼儿英语培训学校）

【思考】

武汉小哈佛幼儿英语培训学校的这种空间分隔有哪些优势？这样的墙面处理会对教学产生什么影响？它能带给我们什么样的启发？

首先这样的空间分隔能有效地利用空间,安置更多的教室,最大限度地提高空间利用率；透明墙面的处理体现了小哈佛开放性的教育精髓。作为幼教培训机构,其这样的布局和墙面处理,可最大限度地满足家长了解幼儿培训课堂的愿望,1.2 米以上的通透玻璃墙面,使家长可以从外面看到幼儿在教室内的学习情况,而坐在教室内的幼儿却看不见家长,室内外互不干扰。更重要的是,通过这样的墙面处理,教学管理者只需围绕走廊巡视一周,每一间教室内的教学状况、老师的教态、幼儿的活动表现都可尽收眼底,取代推门听课式的落后的教学管理方式,提高管理效率,又可避免因外人的进入分散幼儿的注意力,干扰教学活动,影响幼儿的学习。而走廊上的落地式的玻璃窗,有利于楼内空气流通,保持室内空气清新;高大的落地式玻璃窗又能充分利用室外光线,减少照明,降低空调使用率,达到节能减排的目的。

而在落地式窗台上铺木板,为接送孩子参加培训的家长提供座位,使走廊变成家长休息室,节省了空间,又满足了家长了解课堂的愿望,一举三得。

接下来分析武汉市武昌区南湖江南庭苑幼儿园室内空间分隔,其示意图如图 3-1-6 所示。

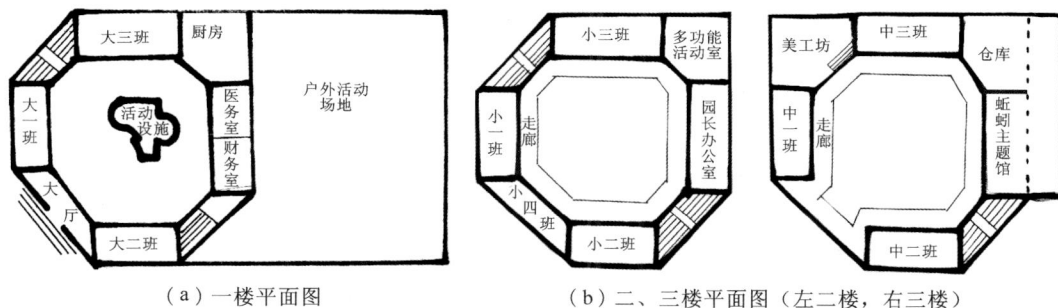

（a）一楼平面图　　　　　（b）二、三楼平面图（左二楼,右三楼）

图 3-1-6　武汉市武昌区南湖江南庭苑幼儿园室内空间示意图

【思考】

从服务和管理角度分析武汉市武昌区南湖江南庭苑幼儿园在空间分隔与布局上有何特点。

从平面图可以看到,整个幼儿园为一个三层楼高的带天井的多边形建筑。

第一层主要为三个大班的活动及休息室,南、北、东三个方向依次置大三班、大二班和大一班;西边为幼儿园医务室和财务室,厨房则安置在进门正对面的角落处。东南角的楼梯直接与户外活动场地连通。中厅为一个天井,安置了一套固定游戏设施,西北、东南角各有一个楼梯与楼层相连。

二楼安置的是四个小班,从南、北、东三个方向依次安置小三班、小二班和小一班,东北方向安置的是小四班,对应一楼医务室和财务室的是园长办公室,厨房上面是多功能活动室。

三楼是中班,在相应位置上依次是中三班、中二班和中一班,园长办公室上方为主题活动馆,在多功能活动室上方的则是仓库,东南角楼梯口边安置的是美工坊。

整个建筑楼层班级设置清晰,功能区划分明确,由两个楼梯连接成环形通道,每层楼内部又形成小型的环状循环系统,这样的布局有利于遭遇危险时的安全疏散,体现了幼儿园对幼儿生命安全的重视。

幼儿园的游戏活动区与管理服务区区域分隔明显,功能发挥显著。前者集中位于建筑的南、北、东三面,而管理服务区位于西部,具体来说是在一楼管理服务区内安置医务室,可方便每日保健医生晨检;医务室与厨房邻近,方便保健医生检查厨房卫生、餐具消毒,为幼儿制订营养菜谱,保障幼儿的身体健康;将财务室安置在一楼楼梯旁,便于家长在接送孩子时顺便缴费;而将厨房安置在一楼西南角,目的在于尽量避免油烟污染与噪声干扰对幼儿产生影响。这样的设置体现了幼儿园管理的严肃性与科学性。

二楼管理服务区安置的是幼儿园园长办公室,这样安置的目的在于使幼儿园管理者——园长与每间教室的距离大体均等,保持与全园幼儿的亲疏关系基本一致,也为一旦幼儿园有事,园长能在第一时间赶到现场及时处理提供便利,有利于管理效率的提升。

此外,将三个不同年级安置在不同楼层也是匠心独运,别有一番考虑。将大班安置在一楼,是因为大班幼儿是全园年龄最大、活动能力最强的,安置在一楼可以利用他们户外活动积极性高的特点,营造整个幼儿园户外活动氛围,带动其他年龄幼儿参与户外活动的积极性;此外随着大班幼儿的长大,他们常常希望承担一些力所能及的工作,服务他人,展示自己,将大班活动休息室安置在运动场周围,让大班幼儿协助老师管理运动场上的活动器械,收拾整理活动材料,可以满足他们的愿望,不仅锻炼了他们的能力,而且培养了他们的责任感和服务意识。

那么又为什么将小班安置在二楼呢? 将小班幼儿安置在高一点的地方,可以为小班幼儿提供一个相对安静的环境,避免户外活动场地内的噪声干扰,为小班幼儿尽快适应幼儿园新环境、融入幼儿园生活创造条件;而二楼相对于三楼来说,离户外活动场地不远,也可方便老师照顾小班幼儿上下楼梯。这也是只有将中班幼儿安置在三楼的原因,因为中班幼儿在运动能力、肢体的协调性等方面优于小班幼儿,且经过一年的培训,中班幼儿已经有了一定的生活经验和规则意识,大多数中班幼儿能按老师的要求遵守纪律。

三楼除中班外,还安置有主题活动馆、美工坊和仓库,这样整个幼儿园室内空间布局安排给人的印象是功能明确、布局得当、安排巧妙。

通过以上实例不难得出以下结论:

第一,科学合理的室内空间布局能最大限度地提高室内空间的使用效率,更好地服务于幼儿园教学管理,提升管理水平。

第二,多样灵活的开放式室内空间布局,在满足家庭、社会对幼教事业的关心的需要,促进家、园互动,加强幼儿园与社会的联系,促进幼教事业发展等方面具有不可忽视的作用。

第三,科学合理的幼儿园室内空间布局,在建设新型环保节能型幼儿园、降低幼儿园办园成本等方面具有巨大的挖掘潜力。

随着幼教事业的不断发展,幼儿园教育活动的日益丰富,幼儿园教育环境对室内空间的分隔与布局的要求越来越高,尤其是随着独生子女教育问题被重视,为独生子女创设适合他们成长的幼儿园环境的呼声日益高涨;近年来国家生育政策放开,幼儿园教育环境如何适应多孩家庭的需要,将很快摆在我们面前。为家庭多孩的到来,为成为小哥哥、小姐姐的幼儿提供适宜的心理环境,推动鼓励生育政策的落实已经摆在了我们面前。

混龄游戏是学前教育发展早期的一种游戏活动形式,即不是按年龄将幼儿分成不同班级,而是将不同年龄组的儿童放在同一个班级(德国称之为小组)中开展游戏的形式。混龄游戏作为一种独特的游戏形式日益引起人们的重视,为幼儿新角色的预热提供了不可多得的舞台。人们发现学前教育早期的混龄游戏中蕴含着丰富的教育内容,其中不少观点与做法对我们的当代学前教育具有许多借鉴作用,如游戏中幼儿之间以大带小的学习方式、同伴合作交往的方式等。学习和借鉴混龄游戏中有价值的内容对幼儿园适应现代学前教育的需要有现实意义。

如何在现有条件下为幼儿园混龄游戏的开展创造条件,成为摆在幼儿园面前的新课题。以现有条件为基础,在幼儿园环境改造中对原有室内空间的分隔与布局进行适当的调整,这些是可以实现的。

如在活动室改造中,一部分保持不变,把另一部分的墙壁制作成可伸缩的折叠活动式,在混龄游戏开展时打开活动墙的墙壁,使所有班级的活动区域连成一个整体(见图 3-1-7),幼儿可以在没有年龄、班级界限的整个活动区内自由选择同伴,组合成活动小组,进行自己感兴趣的活动,使幼儿园在原有班级活动室不变的条件下,具有开展混龄游戏的可能,满足当下学前儿童的发展需要。

2. 室内环境中的色彩运用

幼儿园室内环境中的色彩在运用上应与幼儿园建筑风格一致,与幼儿园园所文化特色相吻合。在选择上,既要考虑满足幼儿的喜好,又要适合幼儿的学习(游戏)与生活,可用较受幼儿欢迎的粉黄、粉绿、淡蓝等高明度色彩为主色调,搭配其他颜色构成总体的幼儿园色彩,在色彩呈现上既有大关系上的调和,又具有明度与纯度上的对比,形成大调和、小对比的视觉印象,营造幼儿园温馨和谐、活泼亮丽的整体感受。

武汉市武昌区南湖江南庭苑幼儿园,以浅绿、浅蓝为主打色,构成高明度、偏冷色调的幼儿园室内主色调,与淡黄、土黄、咖啡色等颜色搭配,呈现出明度(高明度)上的调和、冷暖对比关系,构成了一个素净

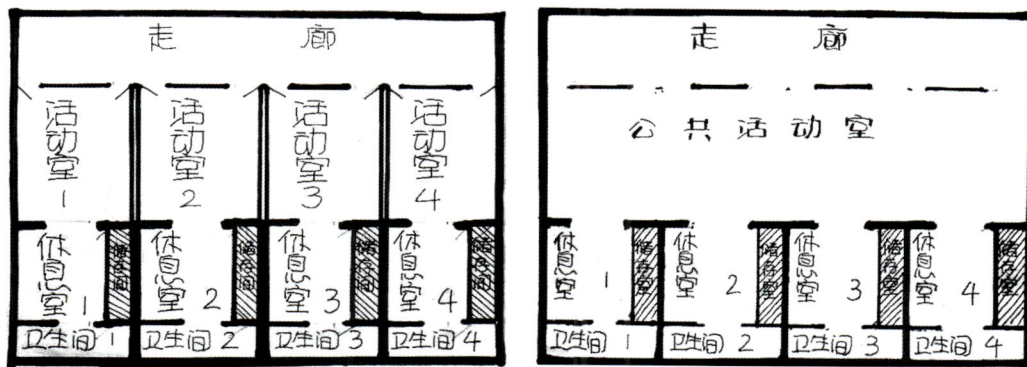

图 3-1-7 满足混龄游戏活动需要的幼儿园室内布局与分隔示意图

淡雅、温婉亮丽、江南文化韵味十足的幼儿园印象,加上用竹子元素装饰的细节,与"江南庭苑"幼儿园名自然贴切、相得益彰,如图 3-1-8 所示。

图 3-1-8 幼儿园室内色彩运用一
(图片来自武汉市武昌区南湖江南庭苑幼儿园)

相比较,同在南湖生活区内的康乐幼儿园与江南庭苑幼儿园略有不同。从总体上看,康乐幼儿园在色彩运用上明显更为活泼,这或许是设计者为了更好地体现"康乐"——健康、快乐的办园理念的缘故。在色彩的运用上,虽可以感受到两所幼儿园之间潜在的影响与联系,但二者又有较大区别。它们都选择了以冷色系为主的高明度色彩,构成主色调,所不同的是搭配大红、深蓝、橘黄使康乐幼儿园在大关系上的冷暖对比强于江南庭苑幼儿园,给人以活泼、快乐、亮丽、生动的视觉印象,如图 3-1-9 所示。

图 3-1-9　幼儿园室内色彩运用二
（图片来自武汉市武昌区教育局南湖花园城康乐幼儿园）

如果我们把以上两所幼儿园摆在一起打比方的话，一个像温婉、娴静的江南小女孩，一个像活泼、调皮的小男孩。幼儿园在色彩运用中要牢牢把握幼儿园特点，从色彩中提炼反映这些特点的元素，经过巧妙运用、合理搭配，实现用色彩传达幼儿园园所文化、彰显幼儿园特色的目的。

课后作业

考察一个幼儿园或幼教培训机构，针对该园或机构的室内环境的分隔与布局撰写一份考察报告，内容包括四部分：室内布局介绍、特点分析、优点分享、改进建议。

要求：

1. 作业以小组合作的形式完成，小组人数在 3 人以下（包括 3 人）；

2. 提交的作业包括考察报告书和考察汇报 PPT 两部分，其中报告书字数不少于 1 500 字，PPT 不少于 20 张；

3. 从小组成员中选派一名为汇报人，在下次课上对全班做汇报与分享。

第二节　室内公共环境的创设

室内公共环境指幼儿园楼梯、走廊、大厅、拐角等幼儿园室内满足公共服务需要的小环境。随着幼儿园对环境的重视，过去并不被重视的公共环境，已作为仅次于活动室的第二环境映入人们眼帘。公共环境是室内整体环境中重要的一部分，如果室内活动室设置已经较多，那么公共环境在布置中，则应采用以少胜多、以精致取胜的方式，达到松紧得当、疏密有致的效果，避免处处堆砌造成重复创设的浪费及视觉疲劳和色彩污染。

一、门厅与大厅

1. 门厅

门厅是幼儿从大门进入室内环境的第一个区域，是幼儿园室内环境与室外的分界，又是连接教学与服务的纽带、联系不同年龄班级的桥梁，也是幼儿园每日迎来送往、人流量聚集的地方。门厅一般比较宽敞，可在满足功能需要的前提下，通过合理规划与布置，利用其独特的功能，展示幼儿园园所文化，宣传教育理念，起到促进家园共育等作用。

门厅可以分区域布置，实现功能的最大化；也可专门布置，突显一种功能。可以考虑采用大型壁画、照片墙、艺术作品展示墙等方式；也可以布置成橱窗、展柜，陈列幼儿园所获奖项及荣誉证书等。此外，门厅布置要和园所建筑风格保持一致，力求达到良好的视觉效果。

武汉经济技术开发区博学幼儿园入口门厅，采用白色顶与黄色墙、柱构成高明度的色调，而地板则用蓝白相间的流动性色块，和白色顶一起与黄色的墙、柱形成冷暖对比。门厅中央，黄色的厅柱和墙顶上嫩绿的色块建构了一个屋中森林的景致，整个门厅既活泼靓丽又充满童趣，成为幼儿园广受孩子们喜爱的地方，如图 3-2-1 所示。

图 3-2-1　幼儿园门厅
(图片由武汉经济技术开发区博学幼儿园提供)

武汉市江夏区直属机关幼儿园用南瓜、玉米、粮垛布置出富有农村色彩的门厅，突显幼儿园位于城乡接合部的地域性特点，如图 3-2-2 所示。而以"童乐"文化为特色的武汉市武昌区南湖花园城康乐幼儿园则直接将"童乐"文化墙布置在门厅最显眼处，给人留下深刻印象。

图 3-2-2　粮垛构成的幼儿园门厅
(图片来自武汉市江夏区直属机关幼儿园)

2．大厅

大厅指幼儿园建筑内部除门厅以外、面积较大的室内公共区域，一般位于多层楼的门厅楼上、楼房拐弯、楼栋衔接及楼梯入口、走廊尽头处。这些被称作大厅的厅堂通常被利用、改造成为功能不同的区域，成为幼儿园室内环境的亮点、彰显幼儿园特色的名片。从教育功能角度上，大厅又是班级活动室环境的补充和升华，在扩大幼儿之间的交往、完善家园共育方面，具有举足轻重的作用。

武汉市洪山区实验幼儿园的二楼大厅，被布置成了一个温馨的书吧，既满足了幼儿与家长的亲子阅读需要，又为家长之间的学习交流提供了平台和场所，备受家长们的推崇。幼儿园老师和孩子只要有空，就可以随时走进阅读区看书学习。大厅内公共阅读区的设置使整个幼儿园弥漫着满园书香的读书氛围，成为该园室内环境的亮点，如图 3-2-3 所示。

图 3-2-3　大厅中的书吧
（图片来自武汉市洪山区实验幼儿园）

总之，作为室内空间面积较大的门厅和大厅，可以考虑采用大型立体装饰、壁画、文化墙等形式，展现幼儿园特色；也可以布置成陈列柜、展示柜和橱窗，陈设、展示幼儿艺术作品，传播园所文化。门厅与大厅的布置既要体现幼儿园办园特色，也要与幼儿园室内总体环境风格保持一致，力求达到良好的整体视觉效果。

二、走廊过道

走廊过道是幼儿园人员通行的地方，它的开放性决定了其具有不可小觑的展示价值。我们可以利用走廊过道的布置，展示园所文化，传播育儿经验与常识，营造教育氛围；也可以将走廊过道直接布置成班级环境的一部分，作为班级幼儿学习过程的呈现窗口、幼儿艺术作品的交流平台、教师与家长联系的纽带。此外，幼儿园也常在宽敞明亮的走廊上根据不同年龄孩子的发展水平为他们投放不同玩法、不同难度的玩具材料，将走廊延伸成公共区角，在拓展幼儿活动空间的同时，也促进不同班级间幼儿的交往（见图 3-2-4）。

幼儿园班级制有利于教师和保育员对幼儿的照料与培养，同时也在一定程度上限制了幼儿间的交往，为弥补这一不足，幼儿园要在室内公共环境上做文章，增加幼儿间互助合作、交流分享的机会，为幼儿的社会性发展提供支持。

三、楼梯

楼梯是联系上下楼层的通道，可以说是立体的走廊。这种特殊走廊对幼儿来说极富吸引力，因此对

图 3-2-4　宽敞明亮的内走廊
（图片来自网络）

楼梯的布置也大有可为。

　　布置时首先要考虑的是安全问题，幼儿最喜爱把楼梯扶手当滑梯使用，如何保障幼儿的安全考验着幼儿园教师的工作能力与素质。海丽达南湖山庄双语幼儿园上下楼层的楼梯栏杆以网绳连接，上面缀满藤蔓植物，既美化了环境，又能保障幼儿安全，防止因幼儿攀爬产生危险，使楼梯成为一面别具一格的装饰艺术墙，简单的防护网的设置更体现了幼儿园教师对孩子们浓浓的关爱，如图 3-2-5 所示。

图 3-2-5　有防护网的楼梯扶手
（图片来自武汉市洪山区海丽达南湖山庄双语幼儿园）

　　其次在幼儿园里，楼梯宽度要与每层楼所容纳的幼儿人数相匹配，考虑到幼儿肢体发育有待完善，上下楼梯动作较慢，楼梯应尽可能宽敞，有利于幼儿行走；楼梯两侧应配有可供幼儿攀扶的把手；楼梯的踏步高度应该低于正常楼梯，适合成长中的幼儿膝关节发育；沿楼梯墙面，可以进行必要的装饰美化。

　　楼梯拐角则是另一个被重新挖掘的地方，有的幼儿园将楼梯拐角设置成具有不同用途的小空间，如棋吧、玩具屋等，满足孩子们娱乐、游戏的需要。如武汉经济技术开发区永久幼儿园将楼梯拐角开辟成科学探究区，让孩子们在安静偏僻的一隅开展科学实验活动，取得了很好的效果，值得推广（见图 3-2-6）。武昌实验小学附属幼儿园将楼梯拐角设置成大型益智玩具屋、棋吧，使有着相同爱好的幼儿可以经常聚在一起交流玩耍，如图 3-2-7 所示。

　　总之，凡走廊与楼梯的布置，在满足幼儿需要的前提下，应以不妨碍原有功能的发挥为宗旨。

图 3-2-6　在楼梯拐角开辟的科学探究区
（图片由武汉经济技术开发区永久幼儿园提供）

图 3-2-7　被改造成玩具屋、棋吧等不同用途空间的楼梯拐角
（图片来自湖北省武昌实验小学附属幼儿园）

四、室内公共活动室

幼儿园的室内活动室可分为班级活动室、专用活动室和多功能活动室三种类型。

班级活动室是幼儿园以班级为单位进行教学活动的室内活动场所，服务对象为班级中的幼儿。专用活动室和多功能活动室的服务对象为全园幼儿，为全园所有幼儿使用，所以又把它们合称为室内公共活动室。

室内公共活动室中的专用活动室，是幼儿园根据教育教学需要而专门设置的、有着特定功能的活动场所。专用活动室的设置以幼儿园具体经济条件为基础，没有统一固定的标准，往往与幼儿园特色教育活动相联系，是开展特色活动、展现幼儿园特色的窗口。

如南京瑞金路幼儿园以美术活动的开展而闻名，其美术活动室环境优越、设备齐全。而武汉市实验幼儿园以科学探索为特色，它的科技实验室是全国首屈一指的幼儿园科技馆。幼儿园专用活动室为不同类型幼儿的个性化成长创造了条件，更为有着特殊爱好和才能的幼儿的发展提供了帮助。因此，有条件的幼儿园要配备专用活动室，条件不够的要创造条件努力建设，满足幼儿发展的需要。

图 3-2-8 至图 3-2-12 所示为武汉市武昌区南湖江南庭苑幼儿园的公共活动室——江南艺术坊的部分实景展示。

图 3-2-8　艺术坊入口处
（图片来自武汉市武昌区南湖江南庭苑幼儿园）

图 3-2-9　艺术坊的材料与作品展示区
（图片来自武汉市武昌区南湖江南庭苑幼儿园）

图 3-2-10　艺术坊的作品展示柜
（图片来自武汉市武昌区南湖江南庭苑幼儿园）

图 3-2-11　艺术坊中的幼儿手工操作台
（图片来自武汉市武昌区南湖江南庭苑幼儿园）

图 3-2-12　艺术坊内的活动区
（图片来自武汉市武昌区南湖江南庭苑幼儿园）

【思考】

江南艺术坊由哪几部分组成？其布置有何特点？

美术活动室常有不同的名称，如美劳活动室、艺术坊、创意天地等，下面以江南庭苑幼儿园的江南艺术坊为例，考察公共活动室环境的创设。

该活动室共分为三个区域：一，入口处的材料与作品展示区；二，四周的操作、活动区；三，中间正对电视屏幕的学习交流区。

入口处的材料与作品展示区将材料与幼儿作品展示融为一体，用低柜摆放美术材料，包括各种纸张、彩色铅笔、水笔等；墙面是由幼儿美术作品加工成的壁挂，展示柜内陈列着幼儿的立体手工作品，活动室从入口处就营造了一个充满艺术气息的室内环境。活动室内被分隔成一大一小两部分，右边一部分较小，以铺有蓝印花桌布的大桌为主体，四周是陈放材料的低柜，该区域以平面造型——绘画、剪贴活动为主；左边为大区域，靠近窗户处是泥塑等立体造型区。活动室东西两侧是玻璃窗，南北一边以电视屏幕为主，一边是以江南风景为内容的壁画。中间正对电视屏幕的位置是学习交流区，为艺术欣赏与交流所用，前后各有一个供教师演示操作的工作台。整个活动室环境的最大特点在于艺术氛围的营造与服务意识的体现，突显六字特点：艺术、愉快、自由。

艺术指环境的布置富有艺术性，以江南标志性的民间手工艺——蓝印花布作为桌面装饰，极具美感，不仅与幼儿园"江南庭苑"的园名呼应，更强调了馆名——江南艺术坊。江南艺术坊的布置就是在用美的艺术形式吸引幼儿参与美术活动，培养幼儿对美术的兴趣，使暂时还没有爱上艺术活动的幼儿，至少不拒绝待在艺术活动室，或愿意在艺术坊观察他人活动，愿意接受环境的熏陶，感受艺术作品的魅力，以便有可能慢慢地喜欢上艺术，使更多幼儿乐于来此活动。

愉快指活动室的环境布置不仅美观，而且舒适。这里的家具，包括座椅、板凳，都是专为幼儿绘画与手工制作量身特制的，不仅尺寸符合幼儿，而且所选材料均为环保产品，工具更是幼儿使用的专门工具，宜于幼儿操作。在这样的氛围下，孩子们的心情永远是愉快的。

自由指活动室在功能设计上，能同时提供平面、立体等不同的造型方式，满足幼儿不同艺术表现的需要，幼儿可以根据自己的兴趣选择自己喜欢的材料，按自己的意愿选择活动方式。幼儿在美术活动室的活动没有任何拘束和限制，工具和材料可以随意取用，既没有材料的种类与数量的限制，也没有额外的制度约束，孩子们在这里可以随心所欲地从事自己想干的艺术活动，除恶意破坏外，幼儿的任何创造不会被干扰，不会被剥夺，孩子们在这里的艺术行为永远是自由的，是被接受和受支持的。

幼儿园专用活动室还有科学馆、计算机室、图书馆等。这些活动室相比于班级区角，在内容、条件上都要齐全、完备得多，规模也更大。开辟全园的公共活动室，也是促进幼儿社会化成长的有效途径。幼儿在专用活动室与不同班级、不同年龄的幼儿一起活动，一起合作、探讨、学习与交流，交往面扩大了，结识伙伴更多，有利于幼儿的社会性成长。图3-2-13至图3-2-15所示分别为武汉市武昌区教育局南湖花园城康乐幼儿园的科技活动室、图书馆和计算机室。

图 3-2-13 科技活动室
（图片来自武汉市武昌区教育局南湖花园城康乐幼儿园）

图 3-2-14 康康图书馆
（图片来自武汉市武昌区教育局南湖花园城康乐幼儿园）

图 3-2-15　乐乐网吧
（图片来自武汉市武昌区教育局南湖花园城康乐幼儿园）

近年来,随着国家科教兴国战略的推进,培养创新型人才成为教育的首要目标,实现这一目标得从娃娃抓起。而创新意识、创造能力的培养离不开美术活动,在幼儿园为孩子提供优越的美术活动环境,让孩子在没有束缚的环境中以艺术的形式进行创作,成为世界教育界的共识(见图 3-2-16)。而从小培养孩子的科学兴趣、探究精神,营造园所的科技文化氛围更是新时代幼儿园环境创设的热点,各幼儿园都在为实现这一目标而不懈努力,一些幼儿园在室内公共环境中专门开辟科技馆,在专门的老师的带领下,孩子们通过专业设备在科技实验中感受科技的力量,学习科学知识,开展科学探究活动(见图 3-2-17)。

图 3-2-16　幼儿园美工坊
（图片由武汉经济技术开发区博学幼儿园提供）

图 3-2-17　幼儿园科学实验室
（图片由武汉经济技术开发区博学幼儿园提供）

多功能活动室(见图 3-2-18)一般是幼儿园里开展大型室内活动的场所,如报告会、音乐会、教学观摩、幼儿美术比赛、室内体育游戏以及集会等。因占地面积较大,此类活动室应在功能的兼容性上做文章,尽量朝多功能方向发展,体现一室多用的特点。如在墙壁上安装玻璃镜、把杆,平时做舞蹈房使用;地面铺木地板,下雨天只需在木地板上铺软垫,就成了室内体育游戏馆;再安装音响设备、配备地台,就可以成为儿童表演剧场、幼儿影院等。

图 3-2-18   多功能活动室
（图片由武汉市直属机关曙光幼儿园提供）

课后作业

以两人为一组,请为实习基地幼儿园设计一个门厅布置方案,体现幼儿园特色。

要求:以立体纸模型的方式展示设计并配设计说明;作品规格 40 cm×40 cm×40 cm。

第四章

幼儿园室内区角环境的创设及管理

【主要内容】

本章共分三部分：第一部分介绍幼儿园室内区角环境创设的意义、目的及原则；第二部分着重阐述幼儿园班级区角环境的创设；第三部分介绍幼儿园常规区角的设置。

【学习目标】

了解幼儿园室内区角环境创设的目的和意义，为实践操作指明方向；掌握幼儿园室内常规区角的创设方法；熟悉几种常见的区角环境的创设要求、具体措施、材料的投放与管理的方法；结合学前美术课程所学技能，尝试用身边的材料创设幼儿园常见区角。

第一节　区角环境创设的目的和意义

一、区角环境简介

区角活动又叫区域活动、小组活动，是目前我国幼儿园除集体教育活动外，普遍采用的一种教育活动形式。幼儿园为区角活动的开展而创设的环境叫区角环境。下面将就区角活动、区角环境做简要介绍。

区角活动来源于西方，以美国为代表，是一种以游戏活动为主的幼儿园教育形式，是迄今为止西方幼儿教育的主流（见图4-1-1和图4-1-2）。区角活动深受杜威的"在玩中学"教育思想的影响，以创设"开放教育环境"、"支持儿童主动学习"为目的，将幼儿的游戏和活动放在重要位置，把活动区（角）看作一种幼儿特有的"学习区"。

改革开放后，我国幼教事业步入了一个快速发展阶段，国外先进幼教理念的传入，包括"活动区""活动角"教育模式在国内很多地方流行开来，成为我国幼儿园教育的主要形式。

我国幼儿教育长期以来深受苏联影响，以集体教育为主流，在我国社会主义建设初期为国家花最少的钱而使最多的人接受教育起到了不可替代的作用。随着国家经济的发展，社会的进步，教育不再只倾向于数量，而向质量、素质发展，为国家造就高素质、个性化、创新型的人才是对包括幼儿教育在内的我国社会发展的迫切要求。对照国外幼儿教育、引进吸收别国的长处，成为幼儿教育适应这种需要的最强音。然而在引进、吸收的过程中，也出现了不少问题，通过分析问题产生的原因，我们不难发现，认识上、理解上的偏差，是造成问题的关键。因此，幼儿园区角环境的创设，首先要从区角环境创设的目的和作用上着眼，只有目的明确了，才能有的放矢地进行下一步工作。

图 4-1-1　国外幼儿园角色扮演区
（图片来自网络）

图 4-1-2　国外幼儿园美劳区
（图片来自网络）

二、区角环境创设的目的

成人的学习大多通过讲授—思考—理解—接受—运用—巩固这一模式进行。教育学研究表明，学前儿童的学习建立在与环境、材料相互作用的基础上，他们利用各种感官、感知材料，通过操作材料，获得知识和经验。所以，幼儿的学习更需要一个自由的、可操作的环境，一个能在与环境、材料的互动中开展属于自己的活动的环境；幼儿通过学习自己感兴趣的经验，掌握需要的知识。

这种可操作的环境对幼儿来说应该是自由、自愿的，他们既可以自由选择活动内容，也可以自己确定活动形式。所选择的活动既可以是探索、实验式的，也可以是创造、模仿式的；既可以是单个进行的，又可以是合作完成的。

区角活动的开展是对我国幼儿园长期以来以集体教育活动为主的教育形式的有效补充，是对仅以集体教育为主的幼儿园教育形式的校正，也是避免小学化教育的有力措施。

与整齐划一的集体教育不同，幼儿在区角活动中通过自由选择、自我探索、自我发现，能更好地实现自我完善、自我成长。创设区角的目的在于营造一种开放的游戏环境与氛围，使幼儿在游戏中成长，在与环境、材料的互动中获得身体、情感、认知及社会性等方面的全面发展。

所以区角环境的创设，并非是对现实环境的肤浅模仿，也绝不是简单的环境装饰与美化，它是教师有目的的教育行为，是为幼儿创设一种适合他们学习的活动方式，是实现因材施教，完善个别化教育，促进幼儿健康和谐发展的有效途径。

三、区角环境创设的意义

（一）区角环境创设对幼儿全面发展的意义

幼儿园区角环境在促进幼儿全面发展方面有着特殊的意义，主要表现在以下几个方面。

1. 促进幼儿主动发展，为幼儿体验成功创造条件

与灌输式教育不同，在灌输模式下，幼儿的学习是一种被动的接受，即老师教什么（内容），幼儿学什么，而区角活动则大不相同。

同仁堂国医馆

首先，区角为幼儿提供了多种选择，使不同发展速度、不同认知特点、不同个性的幼儿，总能找到自己感兴趣的活动。活动中他们可以自主选择所喜爱的材料进行操作，与兴趣相投的伙伴合作。这样的操作往往令幼儿心情愉悦和舒畅，使幼儿能更专注、更持久地从事活动，直至完成自己设定的任务，培养了幼儿学习的主动性和专注性。

其次,区角活动的开展,会使幼儿面临不断出现的新问题,要完成自己预定的目标,就必须一个一个地解决这些问题。在操作过程中不断出现的问题,迫使幼儿通过自己摸索,分析失败的原因,总结成功的经验;或者通过观察同伴或他人的工作过程,从中获得启发,吸收经验来学习;甚至向他人请教,寻求帮助以解决问题。幼儿在独立自主的操作中,通过自己主动探索、积极思考,解决问题。活动中幼儿的学习方式得到了扩展,解决问题的能力获得了全面提升。

最后,区角活动也为挖掘幼儿的学习潜力、使幼儿体验成功创造了机会。每位幼儿的发展都有自己的轨迹,每位幼儿身上都有自己的长处。在区角活动中,在兴趣的驱使下,探索与学习会让幼儿主动地去克服各种困难,在克服困难的过程中,个体的长处会逐渐演变成个人的优势,从而更容易获得成功;在成功的体验中,那些构成成功的经验被不断积累,成功的概率也会越来越高;幼儿从成功的经验中寻找到了适合自己的学习方式,自信心不断增强。此外,每个幼儿都有适合自己的学习方式,不经过探索和尝试就无法找到;只有在成功中不断巩固,适合自己的学习经验才能最终转变为幼儿个人的学习能力。

2. 能激发幼儿的学习兴趣,提高学习效率

没有压力、没有束缚的区角活动给幼儿提供的是一个相对独立、不受外界干扰、氛围愉悦的学习环境。在这样的环境中,幼儿活动的积极性、主动性被调动起来,集体活动中不能满足的愿望有可能获得满足,没条件实现的想法得以实现,幼儿的学习愿望被保护,学习兴趣被激发,学习效率会更高,效果自然会更好。

3. 培养幼儿的交往能力,促进幼儿的社会性发展

在区角活动中,幼儿除与材料发生关系外,也少不了与人交往,平日里只有单向联系的人际关系,不足以支撑区角活动的开展,区角活动迫使习惯于独处、不善于交往的幼儿改变交往的渠道,与更多人接触;区角活动也因为同伴的参与使幼儿交往范围扩大,平时不喜欢、不太来往的同伴因为共同的兴趣,选择了相同的区角,有了共同的话题;因为选择了相同的活动,幼儿不得不与不同性格、脾气的同伴协作。幼儿在游戏中学会相处,学习在矛盾中控制情绪、在争执中压抑冲动,在问题处理中学会宽容与妥协、谦让与尊重,在协作中积累合作经验。

图 4-1-3 和图 4-1-4 所示为咸宁市直属机关幼儿园的孩子在进行区角活动。

图 4-1-3　在区角内正专注于游戏的孩子
(图片来自咸宁市直属机关幼儿园)

4. 促进师幼关系,培养规则意识

活动中教师对需要帮助的幼儿进行适当指导,使幼儿在困难面前更有信心,获得成功的概率会大大提高;通过活动,幼儿更多地感受到教师的关心和爱护,满足了幼儿情感的需要;幼儿也学会如何听从指导,并掌握这一学习技能。这些对于融洽师生关系、培养师生感情很有帮助。许多研究表明,教师与幼儿之间、幼儿与幼儿之间的多向交往对于幼儿的社会化成长具有重要意义。

此外,区角活动也是培养幼儿良好社会行为的场所。《幼儿园教育指导纲要(试行)》中要求幼儿理解

图 4-1-4　角色游戏——美食街中的小厨师
（图片来自咸宁市直属机关幼儿园）

并遵守日常生活中基本的社会行为和规则，任何社会都有其公民必须遵守的规范和应承担的责任与义务。区角活动也有着一定的规则要求，例如：班级活动室由于空间有限，每一个区角都有活动人数的限制；工具材料在使用上有要求，如活动结束后要将材料归还原位等。倘若规则得不到遵守，区角活动将无法持续，更会干扰下一次区角活动的正常进行。所以，区角活动也是树立幼儿规则意识和进行纪律教育的好方式，从游戏活动中培养出的良好规则意识会使幼儿一生受益。

活动中幼儿们除自己遵守规则外，为使区角活动持续开展下去，还会不断地相互提醒，让团队成员共同遵守规则。幼儿的责任感就这样在活动中被逐渐培养造就出来。

学前儿童的社会发展是需要教师有意识地在环境创设中逐步培养的。学前时期是人的社会发展的关键时期，幼儿的许多社会认知、社会情感、社会行为都在这一时期形成，幼儿与成人及同伴交往机会的多少、交往方式、交往质量的高低，都将对其终身的社会发展产生重要影响。因此，区角活动应当受到教育者的足够的重视。

（二）创设区角环境对教师成长的作用

区角活动不仅对幼儿成长具有重要意义，对教师的发展同样具有影响。

首先，区角环境的创设是考察教师教育思想、评价教师教育行为的标尺。为幼儿营造良好的生活、学习环境是每一位教师的责任与义务。有学者研究指出，环境是最能预测幼儿园教学品质的一项指标。一个专业的幼儿教师，除了具备课程规划和设计以及应有的教育、教学能力外，更需要有洞悉环境教育作用、善于把握教育契机、发掘和利用环境中具有教育价值的资源等能力。教师要充分发挥环境在教育中的独特作用，顺应幼儿发展需要，以潜移默化的方式，让环境中的每一个幼儿都能获得良好的发展。区角环境的创设可以从不同的侧面考察幼儿教师的教育素质和教育能力。

其次，区角环境创设是教师教育思想的提升地，是教师职业技能的锻炼场所。班级活动区角能否吸引幼儿，让幼儿乐于活动、主动参与活动，取决于教师的专业水平、教育素质；区角环境设置是否符合幼儿的年龄及认知水平，主题和内容是否满足幼儿的兴趣和需要、是否涵盖幼儿身心发展的各个方面，区角材料是否具有可操作性，区角环境创设的效果与预定目标是否一致，取决于教师的教育能力。教师应以平日对幼儿细致的观察为基础，以在教育教学活动中不断积累的深入了解为铺垫，通过理论与实践的结合、教育目标与实际工作的对接，创造性地开展工作；在把握区角环境创设的原则基础上，结合本班幼儿的实际情况，根据所掌握的本班幼儿能力发展水平、兴趣爱好和需求，反复实践，在实践中解决问题，在反思中提升区角活动的指导水平。因此,创设科学、合理的区角环境也是教师专业成长的必经之路和重要手段。

四、区角环境创设的原则

安全性是创设幼儿园环境的前提,区角环境也不例外。在满足安全性的前提下,区角环境创设还必须遵循以下原则。

1. 教育性原则

区角环境创设是为了促进幼儿的全面发展,环境的美化并非其主要目的。优美、富有童趣的环境固然能吸引幼儿游戏,但与教育性相比位居其次。

区角环境的教育性,具体来说就是所创设的环境要具有现实或潜在的教育价值。幼儿园根据教育目标的要求拿出整体设计方案,教师根据课程安排,结合本班幼儿的实际情况,设置符合大环境的具体小环境,从而营造从大到小、从内到外的整体环境。

在幼儿园教育目标的指导下,目前幼儿园区角活动占据主流,区角环境创设显得尤为重要。区角环境的内容一般与幼儿活动有关,教师通过创设区角环境,让孩子进入区角活动,在活动中发现幼儿的兴趣与需要;教师通过改变材料投放的数量、方式去调整区角环境,使区角环境顺应幼儿的兴趣与发展需要,实现促进其全面发展的教育目标。

对集体教育活动较为重视的地方,区角活动与集体教育活动联系紧密,区角环境的创设内容往往与课程内容联系较大,或作为集体教育活动的补充或延伸,让幼儿在集体教育活动中获得的知识经验在区角活动中进一步巩固,在集体教育活动中没能达到或无法达成的个人目标,在区角活动中得以实现和完善。区角活动也可以是集体教育活动的预习,进行集体教育活动之前的“预热”“演练”,具体来说就是提供材料,让幼儿在与材料的接触过程中积累感性经验,为正式的集体教育活动的开展做铺垫、打基础。另外,区角活动的内容也可以与集体教育活动不相关,由幼儿自己或小组从兴趣出发,自由发挥。总之,只要是能够促进幼儿身心发展的内容都可以引入区角活动之中。

图 4-1-5 所示为武汉大学幼儿园二分园的角色游戏区——茶社。

图 4-1-5 角色游戏区——茶社
(图片来自武汉大学幼儿园二分园)

2. 游戏性原则

区角环境的核心是游戏性,即区角环境不是用来看的,而是要具有操作性,即能让所有进入区角的幼儿都能玩起来,都有玩具材料可操作,只有这样,区角环境创设才能真正促进幼儿的发展。

3. 整体性原则

整体性原则包含以下三个方面的内容。

其一，面对整个班级。区角环境创设不是针对某些有特殊需要的幼儿，而是全班所有幼儿。在环境创设中，教师应以照顾大多数幼儿的需要为出发点，在满足大多数幼儿需要的前提下，有条件地满足个别幼儿的特殊需要，不能本末倒置，以牺牲全班幼儿的利益来满足个别人的要求。

其二，面向幼儿的全面发展。根据《幼儿园教育指导纲要（试行）》，幼儿园的区角活动设计应涵盖健康、语言、社会、科学、艺术五个领域，从幼儿情感、态度、能力、知识、技能等方面促进幼儿的发展。幼儿园班级区角要尽可能涵盖这五大领域，只有这样才能真正促进幼儿的全面发展。

与五大领域相对应的区角如下：健康领域对应建构区、美劳区、玩沙戏水区；语言领域对应表演区、角色扮演区等；科学探究领域对应建构区、益智区、动植物角；社会领域对应建构区、表演区、角色扮演区；艺术领域对应音乐区、美劳区、表演区等。这些内容往往相互交织、相互重叠，在创设过程中不仅要涵盖这些领域，更要打通这些领域的界限，使它们既相互协同，共同构成知识的整体性，又相互补充，分头并进实现知识的发展性。

其三，区角环境是幼儿园室内整体环境的一部分，应将区角环境纳入活动室整体布局、安排之中。因此，创设什么区角，如何创设，要有总体设计，区角环境的色彩配置、家具摆设、墙面装饰美化都要与整个活动室的布置统一、协调起来，形成整洁有序的整体效果。

4. 发展性原则

中秋节

发展性原则要求在幼儿园区角环境的创设上不能仅着眼于幼儿现有的发展水平，而要具有一定的前瞻性，即为幼儿未来的发展打基础。根据"最近发展区域"理论，在区角环境创设上要符合幼儿的年龄特征，既是幼儿可以接受的，又要具有一定挑战性，是幼儿经过一定的努力可以达到的水平。因此，区角材料的投放、内容的呈现，应体现层次感、递进性的特点；通过内容的调整、材料的增减，引导不同需要的幼儿向各自的方向探究，使不同能力水平的幼儿在区角活动中都能获得成功，从而实现发展的全体性。

此外，许多区角构思来源于社会生活，不断变化发展的社会为区角的创设提供了源源不断的灵感，把握社会发展的脉搏，开发具有教育意义、深受幼儿喜欢的区角是老师义不容辞的责任。如在一些班级，孩子们对角色扮演区的小超市已经失去兴趣，老师适时地将其改造成宠物商店，孩子们一下子又被吸引了过来（见图4-1-6）。

图 4-1-6　宠物商店
（图片来自武汉城市职业学院学前教育学院技能2106班学生作业）

同时，区角发展本身也呈现动态性，即随着幼儿的兴趣、能力发展而延续。只有把握幼儿发展的共性、尊重幼儿发展的个别差异，才能因地制宜地制订区角活动的目标，科学、合理地设置多样化的区角内容，有效地投放合适的材料，区角环境的创设才能既尊重幼儿的个体差异性，符合现阶段幼儿的年龄特征，又满足幼儿未来发展的需求。

5.灵活性原则

区角环境创设在视觉上是静态的,但实质却是动态的。首先,区角之间本身存在着关联性,在不同情况下,各区角间关联的紧密度不同。在教育目标指导下,有时需要将不同区角合并,有时又需要将同一个目标内容在不同领域、不同区角中呈现。因此,活动室区角的创设并非一成不变,其种类和数量是可以根据需要进行灵活调整的。其次,在教学大纲的指导下,一段时间内某些区角活动频繁,参与人数较多,需要的空间大,而某些区角正好相反,因此要求区角环境能适应这种需求,具有调节的灵活性。最后,玩具、材料具有灵活性。区角活动的开展离不开玩具、材料,而长久不变的玩具、材料会使幼儿失去兴趣,这就要求教师对玩具、材料的投放有技巧和策略,先投什么,投多少,随后添加、补充新材料,始终保持幼儿对区角活动的兴趣。随着国家经济的发展,幼儿园硬件条件的改善,为孩子们提供的玩具和材料在种类和数量上也在不断增加,可供孩子们选择的也越来越多,教师以教育目标、活动进程、幼儿的兴趣和需要为依据,对区角材料进行增减、更新显得尤为重要(见图4-1-7)。

图 4-1-7　根据孩子能力发展不断添加玩具材料的艺术角
(图片来自武汉经济技术开发区永久幼儿园)

五、区角环境创设的具体方法和注意事项

(一)区角环境的构思来源

一般来说,创设区角环境的构思不外乎以下几种。

1.来源于幼儿园课程

以课程为中心,既可以是课程的延伸,也可以是课程的预演和熟悉。如在小班新生入园时,为使幼儿尽早适应幼儿园集体生活,课程安排通常以"我的家"为主题活动,让幼儿通过介绍自己及自己的家人,使同伴了解自己,认识新伙伴,尽快适应幼儿园新生活。为配合主题活动的开展,区角中设置如"娃娃家"来营造"家"的环境,使幼儿体验其所熟悉的"家"的氛围(见图4-1-8)。

在语言(活动)区投放语音玩具(见图4-1-9),让幼儿在区角游戏中学习语言,如介绍自己叫什么名

图 4-1-8　角色游戏区——娃娃家

（图片来自武汉经济技术开发区永久幼儿园）

字，爸爸是谁，妈妈是谁，以此为主题开展活动，既可作为集体教学活动的预热，又可作为课后的练习。或者将集体活动中收录的幼儿语音用于区角游戏中，或用于课堂，打破课上与课下的界限，打通区角与区角之间的隔阂，使课堂由内到外自然融合为一个有机整体，使新入园的孩子逐步认可幼儿园，消除对陌生环境的恐惧，降低不适应性。

图 4-1-9　智能语音玩偶

（图片来自网络）

2. 来源于幼儿的兴趣喜好

这需要教师对幼儿进行深入了解，洞悉幼儿的发展，精准把握幼儿的能力与需要。如每学期开学时，孩子们会带来假期中旅行或随家人走亲访友的各种信息，有心的老师就会从孩子们的谈话中捕捉到敏感的话题，通过与孩子们的进一步交流，确定信息的准确性后，与孩子们一起创设他们感兴趣的区角。此外，发生在孩子们身边的大事件，如神舟五号发射成功、中国高速铁路通车等，都会吸引孩子眼球，成为引起幼儿关注的热点。抓住这些大事件不仅能使事件成为幼儿园传播和普及知识的生动教材，也是展示祖国现代化建设成绩，对幼儿进行爱国主义教育，提升幼儿民族自信心、自豪感的最好契机。

因此，区角环境的构思不能仅凭老师个人的意愿，区角环境应该是教师把握教育契机，根据教学安排，通过细致观察，与幼儿深入沟通，精准把握幼儿兴趣之后，同幼儿商议并一起构思的环境。

（二）区角环境的发展

区角环境的发展应该从两个维度上去把握，构建立体的幼儿园区角环境：一是区角与区角之间的横向联系维度；二是区角持续发展的纵向维度。应综合考虑这两个维度构建立体的、动态的区角环境。下面就此分别讨论。

区角与区角之间本身有内在联系，可以有意识地去发掘。如幼儿园小班角色扮演区中常设有"糖果铺"，让幼儿通过扮演购买方和出售方，学习用语言与人沟通，提高幼儿交往的能力；而其中的玩具材料——各种形形色色的糖果可以在美劳区中用彩色纸张包裹、系扎制成，将美劳区布置成一个"糖果工厂"，既锻炼了幼儿的手部肌肉，发展了幼儿的精细动作，又可使美劳区——"糖果工厂"的活动产品成为角色扮演区——"糖果铺"的活动材料，将不同区角活动有机地连为一体，使幼儿的劳动价值得到充分体现，又提高了幼儿对下一步角色扮演区活动的兴趣。

　　以上为横向联系维度。随着幼儿认知能力和社会交往能力的不断提升，他们对区角活动的形式和内容会有更高要求。一个来源于幼儿生活的区角如何持续健康地发展下去，需要教师关注幼儿在区角活动中兴趣的发展和转移情况。如区角中来源于幼儿的生活经验的"儿童医院"的设置，最早只是简陋的"小诊所"，由医生、护士、病人组成。随着孩子的成长，幼儿去医院次数的增加，对儿童医院了解的深入，区角中的"小诊所"已不能提起幼儿的活动兴趣。在教师提示下，幼儿根据已有经验，通过道具的添加、空间的扩大，逐步将"小诊所"发展成具有"挂号、应诊、拿药、打针"等完整系统的正规"儿童医院"。再后来，"医院"更为专业，有了排队叫号机，有专家门诊和普通门诊的区分，有药房、住院部等，如图 4-1-10 和图 4-1-11 所示。从这里可以看到，区角由简陋的"小诊所"到正规"儿童医院"再到"大型综合性医院"的发展过程是随着幼儿认识的发展，以及对医院了解的不断深入而实现的，是通过对原有区角的改造，如增加功能、扩大规模、添加玩具和材料，而逐渐完善的。区角的发展过程也是幼儿认识的提升过程，是幼儿对事物现象不断深入了解的过程，是真正以幼儿为中心、以幼儿的认识发展为脉络的形成过程。

图 4-1-10　角色游戏区——小诊所

（图片由武汉城市职业学院学前教育学院技能 2105 班学生提供）

图 4-1-11　角色游戏区——综合性医院

（图片来自洪山区实验幼儿园）

　　每一个区角环境的创设都凝聚了教师精心的构思和辛苦劳作，更少不了孩子们的积极参与。让好的区角存在，并持续发展下去，需要教师的智慧。在区角活动中，有经验的教师善于捕捉幼儿新的兴趣点，发现幼儿关注对象的转移。

　　如小班中角色扮演区——"厨房"，开始时孩子们的活动兴趣很浓，参与活动的人数很多，经常需要排队才能进入。一段时间之后，孩子们的兴趣开始减弱，于是老师适时提示，从厨房里生产出的产品可以用来干什么？幼儿们经过一番讨论后决定开一个"早点铺"，于是区角经过改建，由原来的家庭厨房一跃成为服务型机构——"早点铺"，随后"饺子馆""馒头屋""牛肉粉面馆"也就依次产生，如图 4-1-12 和图 4-1-13 所示。

　　随着游戏的不断进行，游戏材料的使用量增加，美劳区成为材料的加工区，原来单一的角色扮演游戏发展成为美劳（操作）与角色扮演一体的复合型游戏，游戏的活动范围扩大了，活动的时间延长了，复杂性提高了。随着孩子长大，中班之后，老师发现孩子们的兴趣，由操作、扮演向产品的使用方向发展，"早点铺"这样的游戏显然不能满足幼儿的需要，于是又经过一番讨论商议，在大家的一致同意下，"早点铺"被改造成为"餐馆"。幼儿的游戏活动由简单的角色扮演到操作与扮演融为一体，再到复杂的角色体验，感

图 4-1-12　角色游戏区——武汉早点铺
（图片来自武汉经济技术开发区永久幼儿园）

图 4-1-13　角色游戏区——武汉早点铺中的豆皮、烧卖和热干面
（图片来自武汉城市职业学院学前教育学院技能 2105 班学生作业）

受作为一个社会人与人交往的快乐。到了大班，随着对角色游戏的驾轻就熟，幼儿对社会角色的兴趣有增无减，简单的游戏形式已很难满足幼儿的需要，于是扩大服务空间，缩小操作范围，将"餐馆"改造成"自助餐厅"，成为孩子们的最高呼声，"自助餐厅"就这样顺理成章地建成了（见图 4-1-14）。

图 4-1-14　角色扮演区——自助餐厅的环境与材料
（图片来自武汉市青山区第一幼儿园）

从以上模式我们不难感受到，这样的区角环境既体现了区角环境创设的发展性原则，又强调了幼儿的主体意识，体现出尊重幼儿的兴趣、满足幼儿游戏需要的特征。

（三）区角环境的仿真性

在幼儿园工作中,我们一直强调"教育要贴近幼儿的生活",幼儿园区角环境中就有很多是以现实环境作为模拟对象而设置的。区角环境的模拟性、仿真性是其突出的特点。在实际操作中,这种仿真性又成为区角创设的瓶颈,阻碍区角创设,尤其对经济条件欠佳、没有能力购买仿真型玩具的幼儿园来说更是一道硬伤。这些问题客观地摆在了老师面前。

根据游戏论,游戏环境和材料是促使游戏进行的重要因素,是激发、调动幼儿游戏兴趣的主要手段,但幼儿对游戏的真正兴趣来自游戏本身的魅力,在强烈的兴趣驱使下,即使条件不足,为了游戏的开展,幼儿也会主动对游戏环境和材料进行改造与艺术加工。如中国民间传统游戏中的骑竹马,就是将竹竿夹在两腿间当马骑来完成的;而幼儿在家庭中通常将睡床想象成舞台,将蚊帐当幕布来开展表演游戏等。从中我们可以感受到,游戏中起决定性作用的并不完全是环境和材料。因此,在条件有限的情况下,我们大可不必过分追求道具、材料的仿真性。其实,太仿真的环境并不一定都好,起码它不利于幼儿想象力和艺术创造性的激发。相反,对于年龄较大的幼儿来说,非具象性的玩具、材料更具挑战性与灵活性,能调动幼儿的想象力,用想象弥补不足,用创造实现完美,这对发展幼儿创造能力、培养幼儿创新意识更有利,是发掘环境潜在教育价值的有效手段。这样的环境条件为游戏下一步的发展制造了许多不确定性,为游戏的继续留下拓展的空间,使游戏更具魅力。此外,鼓励幼儿在活动中通过想象对环境、材料进行改造与加工,也是提高幼儿的想象力、创造力、动手能力的最佳方式与手段。

课后作业

1. 简述为什么要进行幼儿园区角环境的创设,区角环境创设的目的与意义何在。
2. 考察周围一所幼儿园,对照幼儿园区角环境创设应注意的事项,分析该园区角环境存在的问题,并提出可行性的改进意见。

　　要求:采用图文并茂的考察报告形式,字数不少于 3 000 字。

　　允许小组合作,人数 3 人以内。

第二节　班级活动区角环境的创设

幼儿园教育工作中,各班级区角环境的创设、活动材料的准备与管理等工作是在主班老师的带领下,主配班老师合作,师幼携手,一起共同完成的。这些工作既有大的考量、方向上的把握,又有具体而琐碎的细节,凝聚着教师的爱心,体现了教师的教育智慧与责任。

一、班级活动区角的设置

班级活动区角简称班级区角,班级区角设置的具体工作包括:确定区角的内容与数量、区角安置的具体位置,对区角规模进行规划。

1. 区角的内容与数量

设置班级区角时,首先参照《3～6 岁儿童学习与发展指南》,根据幼儿园的教育目标来设计。幼儿园教育应给孩子们提供身体、语言、认知、社会情感和美感发展方面的经验,因此区角的内容应与幼儿现实或未来生活息息相关、紧密联系,结合本阶段班级教育的内容进行设置。

如幼儿园老生毕业临近之际，教育重点是帮助幼儿尽快适应小学生活，教师可带领幼儿参观小学，体验小学的学习生活，在心理上培养起对小学的向往。与此相适应，在建构区，老师们给孩子提供各种不同的积木，让孩子们用积木搭建心中的魅力小学（见图4-2-1和图4-2-2）；将角色扮演区打造成小学课堂，让孩子们扮演教师和学生，演练上课的情景；在美劳区提供材料让孩子们动手制作幼儿园毕业纪念册，为进入小学的生活学习做准备等。区角环境创设的目的性昭然若揭。

图 4-2-1　我心目中的小学一
（图片来自武汉城市职业学院学前教育学院技能2104班学生作业）

图 4-2-2　我心目中的小学二
（图片来自武汉城市职业学院学前教育学院技能2104班学生作业）

班级活动室中区角的数量则应根据活动室面积的大小来确定，一般以三至五个为宜。如果活动室面积有限，区角不宜设置过多，否则会造成室内拥挤，影响幼儿活动的开展。大多数班级活动室都会设置几个固定的常规区角，如建构区、图书角、角色扮演区、美劳区、科学探究区等，同时根据各班实际情况配备一些临时的活动区，以备随时调整。

区角的实用性是设置时需要重点考虑的。目前幼儿园孩子多，班级规模大，而幼儿园空间有限，如何在有限的条件下为孩子创设区角环境，需要教师深思熟虑。每设置一个区角都应最大限度地实现其使用价值，不具有使用价值或使用价值不高的创设，好看不实用或操作性不强、活动不易开展的区角，没有必要设置。此外，教师还可采取合理利用空间、错开使用时间等方式满足班级幼儿区角活动的需要，以此提高区角的使用率。

2.　区角的规划与布置

区角在具体规划时需考虑以下几点。

（1）区角规划要因地制宜，布局合理。一方面要从幼儿园班级人数及活动室面积大小上考虑，另一方面各个区角安置在什么位置上更适合幼儿活动，也是设计者需要考虑的地方。其次，根据各个区角的特点安排空间的大小和位置方向。一般来说，参与人数多的区角面积安排大一些，反之则小点，防止因安排不当而影响幼儿的活动。每个区角的安置位置，要能让教师在任何时候、从不同的角度都能看见区角内孩子们的活动状况,不能有看不见的死角存在,以便教师能随时掌握区角内孩子们的情况,为观察与指导幼儿提供方便,防止意外事故的发生(见图 4-2-3)。

图 4-2-3 无遮挡的开放式的建构区
(图片由武汉经济技术开发区永久幼儿园提供)

(2)区角位置的安置应遵循动静分开、大小有别、方便组合的原则,采取便于使用、就近安置的方式。

动静分开,即把喧闹的区角与安静的区角分开,以免相互影响,如将安静的图书角与热闹的表演区分开。

大小有别,即区角空间大小安排要区别对待,人数多、活动量大的,如积木区和娃娃家应划出较宽敞的空间,而以安静为特征的探究区则可安排小一些的空间。

就近安置,即将有照明、用水要求的区角安置在采光好、用水方便的地方,如美工活动用水较多,应安置在盥洗间附近、水池旁边,以便幼儿取水或清洗;而图书角与植物角,应设置在光线充足的地方,以便于幼儿阅读和观察。

方便组合,即使联系较紧、有可能结合起来的活动区相邻,如把益智区和数学区放在一起,把建构区和娃娃家安置在一起等,以便需要时合二为一,如图 4-2-4 所示。

图 4-2-4 分合两宜的区角
(图片由武汉经济技术开发区永久幼儿园提供)

(3)区角之间既有联系又有区别,即活动室中各区角之间应有明显的界限,以区分区角的位置。区角位置一旦确定,应长期不变,保持固定,便于幼儿活动,易于教师管理。区角的界限有平面和立体两种:平面界限是通过地砖、地垫或地毯的不同颜色、图案或质地来划分;立体界限则是运用架子、柜子或屏风等活动墙隔离划分的,如图 4-2-5 所示。

图 4-2-5　使用矮家具分隔的区角
（图片由武汉经济技术开发区永久幼儿园提供）

　　使用立体界限时注意高度不宜过高，位置在幼儿视平线以内，这样有利于区角的采光，使分隔出的区域内有足够的光线；隔断物既能起隔离作用，又不妨碍幼儿间的交往。总之，分隔出的空间或单位区域呈现出环境特征的一致性。

　　区角空间一般采取半封闭式，利用架子、柜子或屏风作为隔断。摆放家具时，家具尽可能靠墙放置，也可以与墙壁垂直排列，方便幼儿选择玩具、材料。倘若各区角不加以区分，连成一体，势必造成整个活动室杂乱无章，使幼儿无所适从；而只提供材料，没有环境与氛围，不具有导向性，无异于给孩子太多选项，会使他们的选择更加困难，尤其年龄较小的幼儿会更不知所措。

　　用架柜、屏风将区角分隔开来，通过环境的营造，可以对孩子的选择形成正确的引导、积极的暗示，有利于他们果断做出决定。此外，半封闭式的区角，有利于幼儿思考，避免不必要的干扰，有助于幼儿专注力的培养，使幼儿能更持久地从事活动。同时，半封闭式的区角有一定的神秘感，会引发幼儿兴趣，激发幼儿的好奇心，驱使他们走进区角参与活动。

　　（4）区角的标志应明显且易于幼儿识别。

　　教师可以用图片或装饰物作为区角标识，帮助幼儿识别（见图 4-2-6 和图 4-2-7）。幼儿识字不多，纯文字性标识不适合幼儿，图形加文字更符合幼儿的记忆特点。如角色扮演区中的医院就常用国际通用的红色"十"字标识，既强化了公共标识，又增加了幼儿的社会认知。而美劳区可以用手掌与花朵组合的图案作标识，表示出该区角的活动特点。

图 4-2-6　以戏曲头饰为标识的表演区
（图片由武汉经济技术开发区永久幼儿园提供）

3. 区角活动规则的制定

　　无规矩不成方圆，规矩即为规则，规则是区角活动顺利开展的保证。一方面教师以身作则，用自己的良好行为为幼儿树立榜样。如图书角内，轻手轻脚，不大声说话，图书定期消毒；建构区内玩具轻拿轻放，活动结束后将物品归还原位等。同时教师也要善于用环境来暗示规则，培养幼儿遵守规则的习惯。如明显的安静标志和干净、整齐有序的材料摆放标志，会潜移默化地暗示幼儿保持安静，活动结束后要收拾场地，使用过的材料要归还原位。此外，区角活动

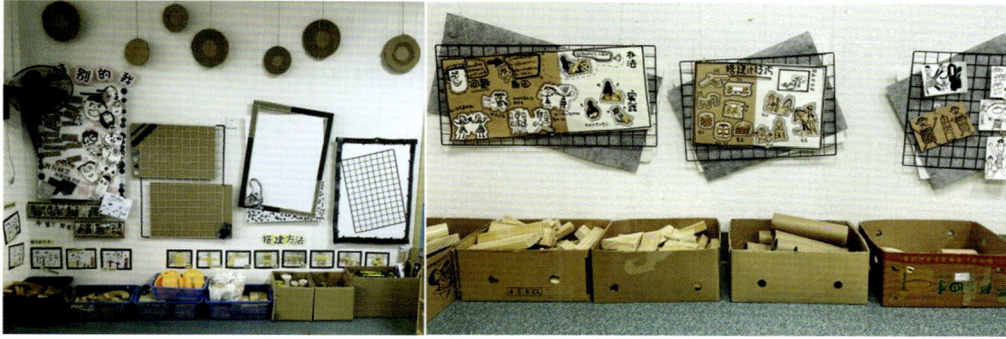

图 4-2-7 用墙饰与材料作标识的建构区
（图片来自武汉大学幼儿园二分园）

也需要切实制定一些规则，以保证活动的顺利进行；还可以在各区角的墙壁上张贴材料的使用示意图和操作指南图，让幼儿通过简单的图示步骤，自己学习、探索操作方法，如图 4-2-8 和图 4-2-9 所示。

图 4-2-8 科学探究区标识和区角规则
（图片来自武汉城市职业学院学前教育学院技能 2104 班学生作业）

图 4-2-9 表演区与益智区区角规则
（图片来自武汉城市职业学院学前教育学院技能 2106 班学生作业）

鉴于幼儿的年龄特点,区角活动的规则必须少而精,规则的制定应采取民主协商的方法进行。规则的文字应尽量少,语言尽量精练;多采用符号、图示等易识别、幼儿能看懂的提示,提醒幼儿遵守;文字最好与图示结合,易于不识字的幼儿理解掌握;所采用的语言也要尽可能贴近幼儿。小班幼儿年龄尚小,还未建立起规则意识,应先由教师制定;中班可以让幼儿参与,与教师一起讨论制定;大班可以交由孩子们自己协商制定。

如活动室中的"表演区"舞台每次最多只能同时容纳两人表演,小朋友们都想上台,应该怎么办? 教师以讨论的方式向大家提出问题,启发孩子自己想办法、定出规则,不仅增强了幼儿的问题意识,也提高了幼儿处理问题的能力。这些规则由幼儿自己制定,用来解决问题,这不仅提高了他们的能力,而且使幼儿更愿意遵守规则,消除了幼儿因为由教师单方面制定规则而产生的抵触情绪,增强了幼儿的自主意识。

人数限制是区角活动规则中一项不可缺少的内容。按理来说,幼儿的活动越自由、越没有约束、越具游戏性,对幼儿来说越具价值,但现实与理想之间的距离提醒我们,不限制区角活动人数,游戏的价值将大打折扣。在限定区角活动人数时,教师应根据幼儿的年龄特征,采用直观形象、生动有趣的方式来表达,如用脚印的数目暗示区角活动人数等,帮助幼儿理解和接纳规则,较好地执行和遵守规则。

进入卡是区角活动人数限制的具体措施之一,通过观察进入卡,幼儿可以了解该区角还有没有空位,知道自己能不能进入区角进行活动,从而减少对区角内正在活动的幼儿的干扰。教师通过观察进入卡,能及时了解各区角活动的人数,知道幼儿都进了哪些区角,有哪些区角尚无幼儿进入,及时掌握幼儿的兴趣指向,为调整区角的设置以及材料的投放做准备。

二、区角环境中玩具材料的选择与投放

区角环境创设的另一项内容就是玩具材料的选择与投放。

区角玩具材料的选择不是越昂贵越好,也不是数量越多越好;材料是否适合区角活动、适合特定年龄段的幼儿操作,决定了区角活动开展的质量。因此,材料对于区角活动起着重要的支撑作用。

如成品材料易于幼儿直接操作和使用,半成品材料有利于幼儿联想、加工,进行再创造,对培养幼儿的创造性具有重要意义。

幼儿的身心发展特点决定了他们的学习方式与成人大不相同,幼儿主要是借助玩具材料的操作进行学习的,幼儿的能力是在与玩具材料的相互作用中不断发展的。给幼儿提供丰富的、合适的玩具材料,就是为幼儿创设良好的活动环境,营造适宜的学习情境,促进幼儿发展。运用什么样的材料,决定了幼儿将进行什么样的学习,也在一定程度上决定了幼儿的发展。

区角活动中,玩具材料的选择与投放是一项花精力、伤体力的事,其工作的复杂性体现在所投放的材料既要符合幼儿的兴趣爱好与需要,又要隐含教育意义,体现幼儿教育的原则,保证教育目标的实现。因而,玩具材料的选择与投放是决定区角活动成败的一个不容忽视的因素。

在选择区角活动玩具材料时,要注意玩具材料的品质和数量,并照顾到幼儿的兴趣、发展需要。

所选择的玩具材料除具备安全环保性外,消耗大的材料还要具有来源广泛、获取容易、价格低廉等特点。如美工区所使用的纸质材料,就具有上述特点。同时,鼓励并提倡教师利用身边废旧物品,改造加工成区角玩具材料,变废为宝,充实区角,满足活动需要。此外,所投放的玩具材料要具有操作性、启发性、引导性、丰富性和针对性等特点。

1. 材料应具有操作性

教师提供给幼儿的玩具材料,要能勾起幼儿的操作欲望,激发幼儿的活动兴趣。瑞士儿童心理学家让·皮亚杰认为,幼儿是在对材料的操作过程中建构自己的认知结构的。材料是幼儿活动的对象,材料是否具有操作性对幼儿能否主动参与活动有很大影响(见图4-2-10)。

玩具材料具有操作性,特指所提供的材料能满足幼儿的操作需要。现实环境中并非所有材料都适合

幼儿操作,如同样为线状材料,塑料吸管与一次性筷子,从安全角度考虑吸管更适合幼儿。此外,材料还应具有促进幼儿手、眼、脑协调的功能,也就是说,动手操作的活动一定是建立在动脑思考基础上的,避免机械性的重复操作。提供具有较强操作性的材料,并保证幼儿与玩具材料之间充分的相互作用是材料准备工作的核心。那些高结构性、只有一两种固定模式玩法的玩具材料,对促进手眼的协调有一定帮助,至于手眼脑三者的协调,却谈不上,教育价值也就大打折扣。这也是对玩具材料价值的一个考量。

那些只有华丽、好看的外表,不能让幼儿触摸、操作的玩具材料,最多只是一种摆设,对幼儿的发展很难起到促进作用,更谈不上具有教育价值,应该尽早抛弃,这是作为幼儿园教师必须明确树立的观点。

图 4-2-10　表演区角
(图片来自武汉城市职业学院学前 1915 班学生作业)

2. 投放要有目标性,玩具材料应有启发性

具有启发性的玩具材料应该是教师充分考虑幼儿的实际能力,经过精心选择而投放的材料。幼儿只有在与自己认知特点相符合、与自己实际能力和实际需要相联系的游戏中,在与具有启发性的玩具材料的相互作用中,才能获得积极主动的发展。

玩具材料的启发性也指材料内部应该有一定的结构,隐含着一些线索,材料和材料之间有一定的关联,这些线索和关联对幼儿顺利地操作材料、进行活动有所启示和帮助。也就是说,材料应隐含一定的教育目标和教育内容,材料的操作范围和操作性质可以保证将活动取得的结果控制在预期范围内。

如美劳区的纸质材料,既是玩具,也是操作材料,它质地柔软轻便,可画、可印、可撕、可剪、可裁、可贴,适合幼儿园各年龄阶段幼儿。使用时幼儿根据自己的能力水平选择使用方法,是撕、是剪、是画还是粘贴;还可根据自己的经验将不同方法结合起来,如先画、再剪、后贴,或先画、再剪、后印;甚至可以根据需要将纸质材料打碎,制成纸泥,进行立体造型。纸质材料的这些性质,都可与幼儿园美术活动结合起来开发利用。

区角活动教育功能主要是通过活动材料实现的,投放的材料不同,幼儿在活动中所获得的经验也就不同。因此,教师应根据幼儿的年龄特点,围绕不同阶段的教育目标,有计划、有目的地投放相关材料,从而最大限度地发挥区角的教育价值。

例如,班级现阶段的教育目标之一是培养幼儿的环保意识,树立环保理念。针对这一教育目标,教师可以有目的地在各区角的操作活动中落实环保。如在植物角将废弃的矿泉水瓶加工成盆栽容器,种植植物;用大容器盛接生活用水,沉淀后用于浇花。将环保理念落实到生活细节之中,让孩子们在亲身体验中感受环保行动带来的快乐。

从老师的行为中,幼儿获得启发,他们开始模仿老师,尝试将易拉罐进行简单改造,制作成栽培工具,用于除草松土;在美劳区,幼儿主动将喝过的酸奶瓶制成花篮等手工艺品,装饰教室、活动室。教师通过材料的投放,让环保为生活添彩,让环保行动与艺术结合,使环保理念走进幼儿心灵。图 4-2-11 所示为用废旧材料做花器的植物角。

3. 投放的玩具材料应丰富多样、比例适度

教育科学研究表明,学前儿童主要是依靠感官来认识外部世界的,与不同材料的接触可促使学前儿童积累感官认识与经验。因此,区角材料应丰富多彩,以激发幼儿的创造力;材料的结构性要低,玩法要多;既要有可供幼儿单独玩耍的玩具材料,也要为幼儿提供合作玩耍的游戏材料,以满足幼儿独自探索和与人交往的要求。

区角材料丰富、多样、有趣,能吸引幼儿的注意力。此外,丰富的材料能减少幼儿之间因材料紧张而

图 4-2-11　用废旧材料做花器的植物角
（图片来自武汉大学幼儿园二分园）

发生争抢，减少攻击性行为的发生。材料的丰富并非数量大、品种多，有研究表明，当材料过于丰富时，幼儿反而容易分心，一会儿想玩这个，一会儿又想玩那个，不利于幼儿持久地投入活动。新奇、新颖、新鲜的事物总能引起孩子们的注意，新材料的投放会立即引起孩子们的关注，有利于活动的开展。

这里所谓的新材料还有另外一层含义，它不仅指新添置的材料。只要是幼儿较长时间没有玩过的材料，我们都应该视为新的材料。为此，教师也可将幼儿玩过一段时间的玩具材料收起来，过段时间再拿出来让幼儿玩，使旧材料变成新材料。再次拿出来的玩具材料一定会给幼儿新的启发，让幼儿创造出新的玩法，一样会受幼儿欢迎。

有研究表明，区角中新旧材料的比例对幼儿的行为有很大影响。如两者在数量相等时，幼儿会互相商量，交换使用新旧玩具材料的现象较多，但创造性行为不多；如果新材料比旧材料多一倍，幼儿就会忽视旧材料，放弃旧材料的使用，而将注意力集中在新材料的摆弄、操作上；当新材料少而旧材料多，如新旧材料的比例在 1∶2 或 1∶3 时，材料的使用效益最大，幼儿容易创造性地使用新旧材料；若新旧材料比例小于 1∶10 时，幼儿容易产生争抢或忽视新材料的极端现象。因此，活动区材料的投放需要教师花心血与精力，既要丰富多样，也要注意适度，控制好新旧材料的比例。

4. 投放材料要有针对性

幼儿园一般有大、中、小三个年龄层次的班级，对不同年龄层次幼儿的区角活动所投放的材料要有区别。如小班区角投放材料应具备通过简单的直接操作就可达到预定目标的特点；中、大班，幼儿的动手能力已有大幅提高，教师可提供一些半成品，操作性相对复杂一些，具有一定探究性的玩具材料，使幼儿通过手脑的协同完成操作，使幼儿的动手能力在区角活动中获得更高层次的发展。

随着幼儿年龄的增长，其需求和兴趣也会不断变化，投放的材料也要随之改变。同一个班级中幼儿的发展水平不一样，能力有所不同，兴趣存在差异性，在材料的投放上要以大多数幼儿的平均水平为准，既照顾到能力水平高的幼儿，又兼顾能力水平暂时略低的幼儿，为不同发展水平的幼儿提供不同层次的材料。教师应认真观察分析幼儿在各个领域的发展水平，根据他们的个体差异，为他们设计、提供多层次、不同要求的材料；由易到难，不断吸引幼儿主动参与活动，使他们总是有新鲜感。对能力较强的幼儿，可以通过投放具有一定挑战性的材料，调动他们探究的积极性，使每个孩子都能够在区角中找到适合其能力和经验的材料。

5. 注意材料的安全性

幼儿在区角活动中操作材料，在与材料互动过程中直接接触材料，因此材料的安全性是教师必须考虑和重视的问题。首先要保证材料的无毒、无害、无污染、清洁卫生，排除安全隐患，保证幼儿身心健康，这是教师应尽的责任。尤其小班区角活动材料的投放,应尽量不使用小型物件,如纽扣、珠子、黄豆等颗粒状的物品,以免幼儿误食或塞入耳鼻之中,发生意外。中、大班区角活动材料所使用的各种半成品,使用前后一定要进行消毒清洗,保证材料的清洁;定期检查材料使用状况,去掉尖锐的边角,以免划伤幼儿。在使用废旧物品时,严格把握材质来源的安全性,如医用废弃物等绝对不允许进入幼儿园,更不可作为幼儿玩具材料使用,坚决排除可能存在的安全隐患。

三、区角玩具材料的管理

区角的活动材料是幼儿园在年复一年的日积月累中一步一步积攒起来的,是平日里教师和幼儿潜心收集、整理改造的,如不加管理,势必带来幼儿园资金投入的浪费、教师精力和心血的白白消耗,给教师增添额外的工作负担,影响幼儿活动的顺利开展。

1. 玩具材料的收集与准备

区角玩具材料的来源主要有两种:一种是园所购置(见图 4-2-12),这部分在幼儿园硬件建设中会有专门安排;另一种则是幼儿与教师收集自制(见图 4-2-13)。幼儿园购置的玩具材料,主要是大件或成套的,如区角里的柜子、桌子、椅子、玩具、玩具架、画板、画架、积木等。购置的材料以成品或半成品居多。购置区角活动材料时,除考虑价格等经济因素外,更要注重是否结实、耐用,是否具有多功能性,是否易收纳整理,是否符合幼儿的年龄特点等因素,操作的难易程度是否符合幼儿的发展水平。除了购置的材料之外,区角材料中还有一部分是在教师带领下,由教师发动幼儿及幼儿家长共同收集整理的。在收集材料的过程中,教师除关注材料来源的安全性外,更要重视发掘材料中隐含的教育价值,让幼儿积极参与材料的选择和构建过程,把区角环境创设和材料收集的过程整合为幼儿学习的整体过程。

图 4-2-12　购买的成套玩具设备
(图片来自武汉火箭军指挥学院幼儿园)

图 4-2-13　以自制玩具为主的区角
(图片由武汉市青山区第一幼儿园提供)

此外,投放自制材料有一种非常好的办法,即对生活工作中的废旧物品进行简单的加工整理。在老师的带领下,幼儿亲手将自己收集的半成品、废旧物品制作成区角里的玩具材料,这些玩具材料虽简陋,却是孩子们的劳动成果,因此他们会格外珍惜。

收集材料不仅调动了孩子们参与活动的积极性,在整理、加工、使用材料的过程中,幼儿的主动性、创造性也得到发展;收集材料的行为本身不仅服务了游戏活动,丰富了区角材料的种类和数量,也培养了幼儿的环保意识和节俭的品质,使幼儿学会珍惜和利用资源;还让幼儿在变废为宝的过程中受到启发,感受创造的乐趣。

2．材料的整理和保管

活动区角内的玩具材料数量大、品种多，要定期进行分类和整理。另外，收拾整理，既是在为玩具材料的使用服务，其本身也蕴含教育意义，有助于培养幼儿及时收纳物品、整理环境的生活好习惯，对培养幼儿操作的条理性也有帮助。活动区玩具材料的整理、保管有以下注意事项。

第一，玩具材料按类型和使用情况分门别类存放。

玩具材料可以按材质类别收纳（见图4-2-14），如木质材料放一起，塑料制品的玩具材料放一起；也可按游戏类别归类存放（见图4-2-15和图4-2-16），如数学游戏类材料放一起，手指游戏类材料放一起，色彩游戏类材料放一起；还可按操作类别存放（见图4-2-17），如训练手眼协调游戏类材料放一起，提高精细动作的游戏类材料放一起等。为保持玩具材料的干净清洁，最好用带盖的容器收纳，并贴上标签，以便使用时寻找，使用完后归类整理；活动时玩具材料摆放于开放性的、低矮的架柜上，架柜不宜太高，高度以适合幼儿取放为宜。

图 4-2-14　按材质类别收纳的材料
（图片来自武汉市江夏区直属机关幼儿园）

图 4-2-15　按游戏类别收纳的材料一
（图片来自武汉市江夏区直属机关幼儿园）

图 4-2-16　按游戏类别收纳的材料二
（图片来自武汉市江夏区直属机关幼儿园）

图 4-2-17　按操作类别收纳的材料
（图片来自武汉市江夏区直属机关幼儿园）

第二，区角内的活动材料应摆放整齐有序，位置固定，不轻易改变。

第三，区角玩具材料应向全体幼儿开放，供幼儿自由选择和使用。

学前时期正是培养幼儿良好习惯的关键时期，参与玩具材料的收纳保管工作，能很好地实现这一目的。为此教师可以与幼儿一起建立材料的使用与保管规则，先让幼儿协助教师管理，之后教师可以放手让幼儿直接管理玩具材料，从小培养他们的管理能力和爱惜物品的好习惯。

3．材料的保洁消毒和维护

活动中，玩具材料在众多幼儿手中使用，在不同幼儿间传递、交换，势必会携带各种细菌、病毒；而使用时孩子们又常常将玩具材料置于地面上，如建构区的地面玩具材料（见图4-2-18），更容易造成污染，使玩具材料成为传播疾病的媒介质。为了幼儿的健康，教师一方面要教育孩子养成使用玩具材料的好习惯，如用嘴吹的玩具，人手一个，不与他人共用；不随便乱扔玩具或把玩具放在不卫生的地方；不把体积小的玩具放在嘴里、耳朵里；玩具玩完后及时洗手。另一方面要注意消毒到位，保障玩具材料的安全性。每日玩具材料使用结束后要清洗整理,每周都要对玩具材料进行浸泡消毒,每两周进行一次紫外线消毒(见图 4-2-19 和图 4-2-20)。

图 4-2-18　地面玩具材料
(图片由武汉经济技术开发区博学幼儿园提供)

图 4-2-19　用紫外线对塑料玩具进行消毒处理　　　　图 4-2-20　用紫外线对布偶玩具进行消毒处理
(图片来自武汉市武昌区教育局南湖花园城康乐幼儿园)　　　　(图片来自洪山区实验幼儿园)

　　幼儿园班级配备有消毒机的可以直接放入消毒机中消毒。没有消毒机的可以采用常规消毒法进行,根据玩具材料的质地采用不同的方法消毒:塑料和橡胶制品,用消毒水(消毒水的配制方法是:取消毒灵5克,加入 1 000 毫升清水混匀即可)浸泡,用水冲洗后置于太阳下晒干;棉毛制品,只要不太脏,直接放在太阳下曝晒即可;木制玩具,用煮沸的开水加洗洁精的混合液浇烫玩具,然后再用清水清洗干净,晾晒即可;金属类玩具,不能用消毒水等腐蚀性的溶液清洗,可采用开水浇烫,较脏的玩具需要先用肥皂水擦洗,再用水清洗后置于太阳下曝晒。

　　玩具材料除清洗、保洁、消毒外,还要定期检查。不同质地的玩具材料的使用年限不同,玩具材料在使用一段时间后都会有自然损耗,即损坏和耗费,有损坏的玩具材料会带来安全隐患,同时会传递一些负面信息,对幼儿游戏的积极性产生影响。因此,教师应随时观察幼儿的玩具材料使用状况,遇有损坏要及时修补更换。

课后作业

以平面示意图的形式完成一个包括四五个常规区角在内的幼儿园中班活动室的规划设计。

要求:图中有朝向标以及门窗、卫生间、休息室的位置示意,并配简要文字说明等;作业规格为 A4纸大。

第三节　幼儿园常规区角的设置与管理

一、区角的设置

幼儿园常规区角有班级活动室常规区角和公共活动区内的常规区角，现以班级活动室常规区角为研究对象讨论区角环境的创设。

班级活动室常规区角主要有角色游戏区、美劳区、建构游戏区和自然角等。

班级活动室常规区角是幼儿园教师以课程为基础，根据本班幼儿的兴趣，在活动室内设置的不同区域，以满足幼儿游戏活动的需要。通常每个班级设置三到五个常规区角，如果活动室空间较大，常规区角可以增加到六个，活动区尽量涵盖幼儿园五大领域，形成每个班不同的室内活动环境。下面简单介绍几种常规活动区角的设置与管理。

（一）角色游戏区

角色游戏是幼儿最热衷的游戏，角色游戏区自然也成为最受幼儿欢迎的区角。角色游戏是幼儿根据已有经验，在兴趣的驱使下，通过角色扮演，以模仿和再现的方式反映他们的生活、体验他们的经历的一种游戏形式。角色游戏区是幼儿开展角色游戏的场所，幼儿在角色游戏区以他们对世界的认识、对生活的理解，创造性地扮演各种角色，诠释各种行为，从而认识世界、表现自我。角色游戏区为幼儿提供了一个模仿真实社会情景的环境，一个与同伴沟通、交流的场所，一个认识世界、接触社会的窗口，对幼儿社会性的发展具有良好的促进作用，也是幼儿表达情感、宣泄情绪的一种健康途径。因此，角色游戏区是幼儿游戏活动的重点，是各班活动室必备的活动区，如图 4-3-1 至图 4-3-4 所示。

图 4-3-1　角色游戏区——中百超市
（图片来自武汉市青山区第一幼儿园）

图 4-3-2　角色游戏区——美食街
（图片来自武汉火箭军指挥学院幼儿园）

图 4-3-3　角色游戏区——串串香美食店
（图片来自武汉城市职业学院学前教育 16 级学生作业）

图 4-3-4　角色游戏区——娃娃家

在角色游戏区的布置中应认识到，激发幼儿游戏兴趣的不仅仅是环境和玩具材料，更重要的是游戏本身的魅力。游戏对幼儿来说，既是娱乐，也是一种特殊的学习方式。对小班幼儿来说，玩具材料与环境是诱发游戏的主要因素。而中班和大班幼儿却不完全如此，创设的重点应着眼于环境氛围的营造和气氛的烘托，而不必过于追求环境中每个玩具、道具材料的完美与逼真，有时正是不完美、有缺憾的环境为幼儿的再创造留下空间，激发他们用想象去弥补理想与现实之间的距离，促使他们自己动手，通过材料加工，完成自己对环境的创设过程。从这方面来看，其潜在的教育价值更为巨大。

1. 位置安排

角色游戏区往往是活动室中参与人数较多的区角，安排时应分配一块面积相对较大的区域。角色游戏在进行时，离不开角色之间的往来交流，因此应远离益智区和图书角等要求环境相对安静的区域。

角色游戏开展时常会与建构区发生联系，为便于需要时二者合二为一，可将其尽可能安置在一起。

角色游戏区与其他区角之间一般用隔断隔开，隔断可专门设计、制作，也可用家具替代。一些多功能的家具，既能隔断，又具储存功能，最受欢迎。也有幼儿园采用木质栅栏、矮屏风、废纸箱分隔，也很实用。

2．区角环境设计

角色游戏区的主题多来自社会生活，如超市、警察局、娃娃家、医院等都是幼儿熟悉喜爱的游戏主题，还有宠物店、报亭、快递公司、健身房、书店、银行等。不同的主题要求的环境不同。创设这样的区角必须抓住环境中的典型特征和标志性道具这两点来完成，如理发店门前旋转的彩色灯箱，店内的镜子、烫发机等；娃娃家中的娃娃床、奶瓶；医院的红十字标志等，这些标识与道具只要摆放出来就容易引起联想。

由于幼儿园室内活动空间有限，教师很难在角色游戏区内同时设置多个主题，因此，教师可以根据本班幼儿的意愿，轮流安置不同主题的区角，一段时间内，选择性地安置一个，依次轮换；也可以把娃娃家作为基本区角，围绕娃娃每隔一段时间让幼儿自选一个感兴趣的主题，自己去布置、去完善，如娃娃医院、娃娃美容院、娃娃超市等。

目前除大中城市外，我国大多数幼儿园办园条件有限，尤其是农村及边远地区资金不足、空间不够，但这并没有减弱幼儿教师探索改善幼儿园环境的热情与兴趣，在实践中他们摸索出一些行之有效的办法，如利用走廊、楼道拐角为孩子们设置固定的公共游戏区，以解决室内游戏空间不足的问题。

3．玩具材料准备

下面介绍几个常设角色游戏区的材料准备及要求。

1）娃娃家

图 4-3-5　黑人娃娃
（图片来自网络）

娃娃家中玩具娃娃是主角，教师应为幼儿提供具有不同性别、不同面部特征的玩具娃娃，如黑皮肤的黑人娃娃（见图 4-3-5）、身着不同服装的少数民族娃娃（见图 4-3-6），还可以是不同职业、年龄特征的娃娃形象。《3～6 岁儿童学习与发展指南》要求："利用民间游戏、传统节日等，适当向幼儿介绍我国主要民族和世界其他国家和民族的文化，帮助幼儿感知文化的多样性和差异性，理解人们之间是平等的，应该互相尊重，友好相处。"幼儿园可通过玩具的投放将这一要求落实到环境的创设中来。

图 4-3-6　中国少数民族娃娃
（图片来自网络）

（1）服装。娃娃的衣服最好能脱穿、换洗，便于消毒，保持卫生清洁；同时能脱穿换洗的衣服，可以让幼儿自己动手为娃娃清洗衣服，既锻炼幼儿的动手能力，又加强幼儿的生活自理意识。还可以准备一些小配件，如提包、手机、围巾、手套等，使娃娃能适应不同场合角色的需要。但在使用小材料和配件时，教师要随时提醒幼儿不要将小物件放入口鼻中，以免发生意外。

（2）家具电器。家具可采用与儿童身高相适应的纸箱、纸盒来制作，有条件的幼儿园可以直接采购木制或者塑料制作的衣柜、餐桌、沙发及配套的家用电器，如电话、电视、冰箱、洗衣机、消毒柜、微波炉等成套的玩具。

（3）床可以是成品玩具床，也可以是用纸箱、泡沫等材料自制的摇篮、儿童床等，并配有枕头、小毯子、小被子等床上用品。

（4）生活品。生活品包括炊具、餐具、茶具，以及仿真蔬果、桌布、围裙等。

娃娃家的玩具材料除以上要素外，还要考虑男孩子的需要。因为这一时期男孩子在语言、社会等方面的发展有滞后于女孩的倾向，在创设中有意识地增强男孩子的特征，吸引男孩子积极地投入角色游戏中十分必要。如增加一些男性常用物品，如刮胡刀、手表、公文包、手提电脑、男式衬衣、领带等，提高角色游戏区对男孩子的吸引力。

2）理发店、美容院

墙壁上有大镜子、发型招贴、服务价格表等；区角内有理发椅、烫发机、洗头床、吹风机；用具有理发剪、发梳、发卷、毛巾、围布及洗发、护发、美发用品等。图 4-3-7 所示为孩子们在"美容美发店"。

图 4-3-7　在角色游戏区——"美容美发店"中游戏的幼儿
（图片来自咸宁市直属机关幼儿园）

3）餐馆

门口有餐馆标识、门牌，室内墙壁上贴有各种食物图片或菜肴广告，餐桌上有菜单、茶具、餐具以及厨房用具，入口处有服务台及钱币、收款机，还有厨师、服务人员的工作服装等。图 4-3-8 所示为"美食街"中的"小厨师"们。

图 4-3-8　角色游戏区——"美食街"中的"小厨师"们
（图片来自咸宁市直属机关幼儿园）

4）超市

主要有超市标牌、货物存放架、各类商品的外包装（可以发动幼儿收集）、购物手推车、购物篮以及收银台、仿真钞票（或者是儿童自己绘制的钞票）、商品价格标签等。图 4-3-9 所示为角色游戏区——"超市"环境及正在游戏的幼儿。

图 4-3-9　角色游戏区——"超市"环境及正在游戏的幼儿
（图片来自武汉市江夏区直属机关幼儿园）

5）时装店

时装店主要有衣架或塑料人体模型、试衣间。另外，还应配备各种纸制的服装（大人、小孩的）、服装包装盒、手提袋等。

6）西饼屋、蛋糕店

这一角色游戏区主要配备不同形状的蛋糕模型及蛋糕模具、托盘、蛋糕盒、生日蜡烛及刀叉，如图 4-3-10 和图 4-3-11 所示。

图 4-3-10　角色扮演区——"西点屋"
（图片来自武汉城市职业学院学前教育 16 级学生作业）

图 4-3-11　西点屋点心
（图片来自武汉城市职业学院学前教育 16 级学生作业）

7）医院诊所

这一角色游戏区主要配备医院红十字标识，医生、护士的工作服，医用灯箱，听诊器，体温表，压舌板，处方簿，病历卡，药瓶，吊瓶架，注射器，纱布，胶布，病床等。

（二）建构游戏区

建构游戏是幼儿利用各种元素或结构材料,通过与结构活动有关的动作构造物体形象,反映现实活动的一种游戏。在建构游戏区,幼儿通过材料的搭配组合、拼接、叠加等手段,构建出他们所需要的形状和风格各异的建筑物。通过操作活动,幼儿的空间想象力和空间造型能力得到发展,创造性思维得以提升。如果说娃娃家是女孩子们的最爱,那么建构区则是很多男孩子们的最爱。图4-3-12所示为武汉常青童馨幼儿园的建构区。

1. 位置安排

班级活动室中建构区所使用的材料比较多,仅从体积上就有小型、中型和大型的区分。根据材料的体积,小型材料一般在桌上进行操作,所以又叫桌上材料,大多用于小班幼儿。大、中型材料一般在地面、地毯或地垫上操作,固称地面材料,多为年龄稍大的孩子使用。在区角规划时要根据具体情况区别对待。但从总体看该区域所占面积较大,规划时要留下足够的空间,以保证幼儿活动的顺利开展。

以桌上游戏为主的小班倒没有具体的要求,中、大班游戏,无论是材料的体积还是幼儿活动的范围、动作幅度都较大,为避免对邻近区角活动的干扰,应使该区远离图书区、益智区等要求环境较为安静的区角;此外,为保障建构区内幼儿作品不被人为破坏,不宜将建构区安置在室内过道两旁,如卫生间门口,可以安置于活动室的某个尽量呈半封闭状的僻静角落处,使幼儿能安心地进行建构活动,不必担心作品被同伴撞倒、破坏。图4-3-13所示为在建构区中游戏的孩子们。

图 4-3-12　建构区环境
（图片由武汉常青童馨幼儿园提供）

图 4-3-13　在建构区中游戏的孩子们
（图片由武汉经济技术开发区博学幼儿园提供）

2. 区角环境设计

建构区最突出的特点是材料的堆放及作品展示占据空间较大,因此区角内不宜再放置其他家具,应尽可能腾出空间让孩子们尽情玩耍。此外,建构区的整理也很重要,整理要及时,随时处理暂时不用的材料,将其收藏于整理箱中或搁置于床下、柜顶等不占空间的地方,将需要的物品放于箱架或货柜中以便取用。箱架的高度不宜过高,以免幼儿自行取放时材料跌落砸伤幼儿,且箱架、货柜最好靠墙,这样可腾出地面空间让幼儿玩耍。为区分材料与未完成的作品,可铺设不同颜色的地毯、地垫,让人一目了然,知道哪些是可动的材料,哪些是不能触碰的作品;材料与作品分开,更有利于幼儿的操作,可实现互不干扰。建构区中的地毯与地垫也是降低游戏操作时产生的噪声不可缺少的环境设施。

为营造活动氛围,建构区内墙壁上可以张贴材料拼接示意图片,指导幼儿的操作;还可以张贴与活动有关的图片,如幼儿正在建构的建筑物图片,幼儿感兴趣的世界著名建筑物的照片以及所在地区、城市的标志性建筑图片,开阔幼儿眼界,激发幼儿的建构兴趣。

3. 玩具材料准备

不同年龄、班级建构区中的材料是不同的。小班幼儿的建构游戏大多属于无意游戏,这一时期幼儿最典型的动作就是将结构元件逐一累加叠高，然后一下子将其推倒，他们的这些动作与行为既没有明确目标，也没有具体目的，很多时候只是简单地持握、摆弄结构元件；其次是喜欢模仿，看见旁人怎么玩，自己就去学别人的玩法(见图4-3-14)。这些特点决定教师为小班幼儿准备建构游戏材料时，所提供的材料体积不要过小；所提供的材料种类要少，但数量要足，分配时，按数目平均分给每位幼儿，人手一份，不必争抢。此外，玩具材料的清洁、消毒也很重要，除要定期清洗之外，消毒的方式要科学环保，符合幼儿园卫生安全标准。

图4-3-14　孩子们正在操作桌上玩具
(图片来自武汉市武昌区华锦新乐思幼儿园)

中、大班幼儿活动能力与小班幼儿相比有很大提高，在建构区教师除了为他们提供成品材料，让他们自己构建外，还要多提供半成品材料，需要他们动手加工成元件才可使用；所提供的材料既可以是个人操作材料，也可以是一些需要与他人一起合作才能操作的材料；此外，所提供的玩具材料不能长期不变，一段时间之后要有新材料的补充和更新。

不同性质的材料在游戏中所起的作用不同，成品材料有助于推进游戏的进展，使作品最终得以快速呈现；而废旧材料和半成品材料，则要曲折一些，但可以引发幼儿对材料的联想，创造出别具一格的作品来，使建构活动更富有趣味性和挑战性。因此，我们主张对大班幼儿尽量提供半成品材料，它比直接的成品材料更具教育价值。

建构区材料除大中型的积木、积塑类材料外，还有一些小型桌面游戏材料，如七巧板和拼图等。积木的类型很多，最主要的有四种：乐高积木、单位积木、普通积木和主题建筑积木。

图4-3-15　小朋友与他们的乐高玩具
(图片由武汉市武昌区华锦新乐思幼儿园提供)

乐高积木是由丹麦的奥勒·基奥克发明的一种积木，一头有凸粒，另一头有可嵌入凸粒的孔，形状有1 300多种，每一种形状都有12种不同的颜色，以红、黄、蓝、白、黑为主。它靠小朋友自己动脑动手，拼插出变化无穷的造型，被称为"魔术积木"，现在已是中国儿童最喜爱的玩具之一(见图4-3-15)。

单位积木的设计者是美国著名教育学家卡罗琳·普拉特(Carolyn Pratt)。单位积木以原木为材料，是被幼儿教育界推崇的儿童玩具。全套积木由基本尺寸为3.6厘米×7厘米×14厘米的方块、弧形、圆柱等形状组成，其他所有的积木都是在此尺寸的基础上按比例增大或缩小。设计者为保持积木原木的本来颜色,没有在积木上涂色,因为她认为积木要尽可能地发挥其隐含着的教育价值,涂色或印上各种图案的积木会限制幼儿想象力,而没有涂色的积木,儿童在运用时想象力能充分发挥出来。所有这些凝聚了卡罗琳·普拉特先进的教育理念、独特的思想和精巧的设计构思。

普通积木表面为多彩色或素色,积木体积分小型、中型和大型,还有专为婴儿和学步儿童设计、用泡沫材料制成的大而轻的积木。

主题建筑积木有两种形式:一种是积木的表面印有主题纹样,用以构成反映主题内容的建筑;一种是积木做成主题所需要的各种形状,用以构成主题建筑。

积塑是用塑胶、塑料等材料制成的各种结构玩具的总称。它也被分为主题积塑和素材积塑两大类。主题积塑按照主题需要做成各种形状。如城堡建筑主题就有塔楼、围墙、城门、吊桥、屋顶等部件,用这些部件进行随意组合,可形成各式各样的城堡。素材积塑则由一些简单元件构成,具有更大的创造性空间,它们由软硬不同的塑胶制成,又可细分为带凸点型积塑、花片型积塑、块型积塑、齿型积塑和插接型积塑等几种。积塑是幼儿园购置玩具中最多的一种。

积木与积塑的区别主要是在材质上,一般用木质材料制成的为积木,而用塑胶、塑料制成的为积塑。

一些幼儿园也采用以其他材料代替积木与积塑的做法,如用规格统一的废旧材料,如牛奶盒、饮料瓶、鞋盒替代现成的材料,非常合适。随着科技的发展,幼儿园积塑、积木玩具的种类日益增多,从触觉积木到电子积木与磁性积木,将传统与现代科技结合,带给了我们全新的感受。

此外,可提供一些现成玩具,如布娃娃、动物造型等,在游戏时幼儿能将积木与其他玩具配合使用,将建构游戏与角色游戏组合,那么建构游戏将成为角色游戏的前奏,整个游戏过程会更吸引人、更有趣味。

(三)美劳(美工)区

美劳区也是幼儿园班级常备的活动区之一,其主要目的是为幼儿提供进行艺术创作和艺术欣赏的场所,是幼儿园美术活动的一部分。在美劳区,幼儿可以使用各种材料,用平面或立体的形式表达自己的情感、表现自己的意愿,体验艺术创作的快乐。活动中幼儿手部的精细动作得到发展,双手的配合能力得到提升,手、眼、脑进一步协调;幼儿细心、耐心、克服困难等优良的个性品质得到培养。

1. 位置安排

美劳区与其他区角的设置略有不同,首先是对光线有一定要求,美劳区应设置在光照较好的地方,如果做不到,有足够的补充照明也行,这样有利于幼儿观察和创作,是对幼儿视力的一种保护。其次,为了方便幼儿用水,美劳区应尽量靠近盥洗室。美劳区的位置安排相对灵活,既可以与图书区、益智区等安静区角毗邻,也可以与表演区、角色扮演区等热闹区角相伴,以备需要时两者合二为一。至于空间的大小,可根据班级中幼儿对美术活动的兴趣考虑。如班级中幼儿对美工活动的兴趣比较高,幼儿园能提供较为丰富的美工材料,则活动空间可安排大一些,反之则可小一些。图4-3-16和图4-3-17所示为武汉市江汉区远洋心苑幼儿园的美劳区。

2. 区角环境设计

美劳区环境的设计首先要突出艺术性,强调美的创造性,以艺术的方式唤起幼儿对美术活动的兴趣;区角中所呈现的艺术作品应符合幼儿的审美情趣,富有吸引力;区角环境能使幼儿时时感受美,处处发现美;在活动中幼儿的审美情感得以启迪,审美感知获得强化,审美创造得以激发,如图4-3-18所示。为做到这些,教师应充分运用造型元素布置环境,合理安排操作与展示空间,做到两者兼顾。

图 4-3-16　美劳区一
（图片来自武汉市江汉区远洋心苑幼儿园）

图 4-3-17　美劳区二
（图片来自武汉市江汉区远洋心苑幼儿园）

图 4-3-18　美劳区环境
（图片来自武汉市江夏区直属机关幼儿园）

　　如设欣赏墙,悬挂各类美术作品的图片与照片,让幼儿通过视觉感知接触不同风格的艺术作品。布置展示栏,定期展示幼儿在美劳区完成的作品,为幼儿提供学习交流的平台。欣赏墙与展示栏的高度要以幼儿的水平视线为基准,使幼儿能随时欣赏他人和自己的作品。

　　美劳区环境的创设不仅要在空间、材料等硬件上做文章,更需要在氛围等软环境上下功夫,用艺术作品营造氛围,使美劳区充满艺术气息。依据幼儿美术教育的低控制性原则,美劳区不必有过多的约束性条款去限制幼儿的行为,应努力为幼儿营造一个自由宽松、活泼愉悦、民主健康的环境,使幼儿在轻松愉快的环境下自由表现与创作。图 4-3-19 所示为美劳区孩子们的作品。

　　3. 玩具材料准备

　　美劳活动区的材料有欣赏类、绘画类和手工类三类。允许和鼓励幼儿任意获取、自由使用材料。只要不是有意浪费和恶意损坏玩具材料,在美劳区一般不会限制幼儿的行为。

　　欣赏类材料主要是供幼儿欣赏的美术品,包括图片、照片及实物等。欣赏类材料大多张贴于区角墙壁上,以便随时更换;也可以是放置于区角内的书籍画册,让幼儿需要时可随时翻阅。所提供的作品应该种类丰富、风格多样。实物可以是实用工艺美术品,如服装、玩具等;也可以是陈设性工艺品,如盆景、摆件等;还可以是一些现代工艺品,甚至可以是商品广告、包装等。总之,这些作品应为幼儿喜闻乐见、能够理

图 4-3-19　美劳区孩子们的作品

(图片来自武汉常青童梦幼儿园)

解、可以接受的。

绘画类材料包括各种纸张、画笔及颜料和配套工具等。纸张包括质地、类别、形状、颜色不同的纸,如素描纸、水彩纸、刮画纸、宣纸、卡纸、吹塑纸、皱纹纸、瓦楞纸等。画笔包括各种不同画种所需使用的笔及工具。颜料包括不同画种的绘画颜料。颜料以方便使用、易于清洗为上,不宜使用油画颜料和不易清洗的丙烯颜料。有条件的幼儿园可以为幼儿提供一些特殊颜料,如画在陶瓷上的瓷器颜料、画在棉布上的纺织颜料等,满足幼儿艺术创作的需要。

如果室内有足够的容纳空间,可以让幼儿使用专用画板、画架,虽然这会占据空间,收纳摆放会给教师增添额外负担,但与让幼儿在桌面上进行美术活动相比效果要好很多。此外,可把画纸、画布钉在墙壁上、粘贴在地砖上,让幼儿在墙壁上作画或直接在地砖上作画,也是不错的办法。

美劳区绘画类的工具材料还有很多,如版画工具与材料——刻刀、油墨、滚筒,制作喷洒画的喷壶、水罐,搁置颜料的调色盒,存放画笔的容器等。清洁用具有笔刷、海绵、毛巾、水罐等。

手工类分为粘贴与裁剪两大类。

粘贴工具材料有胶带座、透明胶带、胶水、双面胶、糨糊、胶棒、速干乳胶等;裁剪工具材料有儿童专用手工剪刀、美工刀、小竹刀等。要求材料轻便,材质不能太坚硬,刀口是陶瓷或塑料制作的,大小符合幼儿手指尺寸,以免对幼儿造成伤害。

其他工具材料还有许多,如直尺、蛇形尺、各种曲线板、订书机、过塑机,以及各类形态不同的材料,如点状、线状、面状及块状材料,各种质地不同的材料,如石头、木头、塑料、尼龙、布匹以及植物种子、果核、果壳、电线、铁丝等。

为使幼儿能放开手脚,尽情操作而不必担心弄脏衣物,美劳区常常会为幼儿提供特制的工作服。款式有两种,一种有袖,一种无袖,两种基本上没多大区别,不同在于,无袖的工作服大多用于夏季,有袖的工作服大多用于秋冬季。工作服是美劳区活动不可缺少的装备。

(四)自然角

自然角是幼儿园活动室内,为幼儿了解自然奥秘,培养关爱自然、亲近自然的情感而专门设置的区角(见图 4-3-20 和图 4-3-21)。自然角是对幼儿进行自然教育,培养科学素质的场所,是支撑幼儿园自然科学探究活动的必要硬件环境,通常以饲养小动物、栽培植物的形式展现,或用以陈列实验品、实验工具,为幼儿操作之用。

自然角所呈现的物品都是教师精心挑选的,生活中常见的自然物、人工物。在区角中幼儿通过种植和饲养等活动,对动植物进行观察,了解动植物的生长规律,通过操作培养了幼儿的观察力,通过活动点燃了幼儿探索自然的兴趣,培养幼儿关爱自然、尊重生命、热爱生活的情感;同时自然角也可当作室内环境美化的一种手段,可以让活动室更富有生气,使幼儿的生活更加丰富多彩。

图 4-3-20　幼儿园自然角
(图片来自武汉市洪山区海丽达南湖山庄双语幼儿园)

图 4-3-21　幼儿园班级自然角
(图片来自武汉常青阳光幼儿园)

1. 位置安排与环境设计

自然角在活动室内所占面积不大,大多安排在光源条件较好的靠窗户的墙边、柜面或走廊等地方。自然角中陈列物品的架柜、桌面高度要适宜幼儿观察和操作。

自然角既可装点室内环境,更是一种教育资源,教师在布置自然角时,要有意识地通过教育策略与手段,将静态的环境演绎成动态的资源。如武汉市青山区第一幼儿园,教师在了解幼儿园小朋友期待看见兰花开放的心情后,将植物角中一盆盆兰草放置在距离阳光不同的位置上,引导幼儿自己观察什么位置的兰花开放得早,什么位置的兰花开得晚,为什么。总结出兰花开放与阳关照射的关系,从而理解植物生长与光合作用的关系,使植物角成为科学探究区。实现通过多种途径、多种感官去感知动植物的生长过程,通过探索了解人与自然,与动植物之间的关系,培养幼儿尊重自然的情感、探索自然奥秘的兴趣,使小小的自然角成为幼儿与环境互动的纽带、与自然对话的平台,如图 4-3-22 所示。

图 4-3-22　走廊上的植物角
(图片来自武汉市青山区第一幼儿园)

2. 材料准备

材料有实物、模型、图片等,内容应根据教育目标、教学计划、各年龄班级的要求安排,具体从以下几个方面着手。

1) 观察、欣赏类

观察类材料主要用于幼儿视觉观察,其目的是引导幼儿近距离地了解对象,在观察的基础上全面、具体和深入地认识对象,因此经过放大、分解的图片及模型是最好的选择。而欣赏类材料主要用于观看赏析,起愉悦心情、美化环境的作用。材料可以是动物和植物图片、照片;实物则多选用易生长、易照料的动植物品种,植物一般为盆栽花卉,如月季、吊兰、仙人球等,动物主要是麻雀、鹦鹉、乌龟、鲫鱼等。

此外,实物观察材料也可选用日常生活中常见的,却不易引起幼儿观察注意的东西,如种子的标本、玉米、蚕豆、花生等,将它们装入透明的玻璃容器中。在观察材料时,最好配备观察工具,如放大镜、显微镜及专业器具,如儿童用昆虫观察罐、植物观察瓶等。为了激发幼儿的观察兴趣,提高观察质量,教师应有意识地将观察活动与幼儿的户外活动、集体活动结合起来。如在春天组织幼儿进行踏春活动,在秋天组织秋游活动,带孩子走出教室,到大自然中去,在玩耍的同时与幼儿一起捡拾自然角中的观察材料,采集植物的果实、树叶,制成观察标本、树叶拼贴画、松果娃娃工艺品等,将观察、收集、整理、制作融为一体。

2）操作类

自然角里操作类材料主要是能够让幼儿亲自动手栽培的植物和喂养的小动物,满足幼儿的好奇心。在操作中观察动植物的生长变化,了解其生长规律,培养幼儿的耐心和责任心。

操作材料分种植与饲养两大类,种植的容器可以是废旧的易拉罐、罐头盒、饮料瓶等,工具有小铲、喷壶等。

自然角里植物品种应多样化,生长期不宜过长,以一个学期内能清晰展现一个生长变化周期的植物为主,主要有各种豆类如绿豆、蚕豆及蔬菜。种植操作活动最好安排在冬末、初春,这样既能有好的栽培效果,使幼儿可以观察到植物生长的全过程,又可以用幼儿亲手栽培的绿色植物来装点室内环境,调节冬春时节幼儿园室内环境的单调色彩。自然角应设置在阳光能照射到的光线充足的地方,便于幼儿观察。

自然角中饲养的动物应是体形小、无危害和便于饲养的品种,可选择小兔、荷兰鼠、小鸟等可以抚摸的小动物,以及既可触摸又可玩耍的水生动物,如小鱼、小虾、泥鳅、乌龟、青蛙,还有蚕、蚯蚓、蚱蜢等小昆虫。

材料、容器主要是鱼缸、渔网、鸟笼、鸟食罐、蚯蚓槽、乌龟屋、昆虫网箱等。

自然角的活动可与其他区角如美劳区的活动结合起来,在提醒幼儿注意观察自然角的动植物生长变化过程的同时,鼓励幼儿一边操作一边在美劳区作图画式的观察日记,记录所观察到的动植物变化,使饲养、观察、记录连为一体,使活动更有意义。

（五）图书角

图书角是幼儿园活动室内为幼儿早期阅读,培养阅读习惯,促进幼儿语言与思维发展而设置的区域,通常以为幼儿提供各种各样的幼儿读物为特征,如图 4-3-23 所示。

图 4-3-23　图书角内幼儿们在看书
（图片来自武汉市江夏区直属机关幼儿园）

图书角的图书最初由幼儿园提供，以后可以动员幼儿将自己看过的好书以交换或奉献的形式分享给其他小朋友，也可以接受毕业班孩子们的捐赠，不断充实更新图书角，使之始终对幼儿具有吸引力。

1. 位置安排

图书角的空间不一定要大，但位置要安静舒适，远离喧哗、吵闹，以便于幼儿静心阅读，最好位于光线较好的窗前或照明充足的僻静处。

2. 区角环境设计与材料准备

图书角要营造出书香气息、读书氛围，除书架上有展示的图书外，区角的墙面上要有经常变化的新书推荐信息，以及爱护整理图书的提示等；地面有地垫，以便于幼儿席地而坐阅读图书，或有带靠背的软椅，为幼儿提供一个舒适的阅读环境。如提供有声读物，则需配置个人耳机等设备，以免干扰他人。

（六）表演区

表演区是幼儿通过艺术的形式，运用语言、肢体、表情、动作，艺术地反映或再现现实生活的一种艺术活动区域。在表演区中，幼儿通过演绎情节，体验和感受人类的情感，理解生活，提高对社会的认识，表演也是幼儿认识世界的一种特殊方式。表演区通常由舞台、道具、麦克风、服装构成。

表演区的活动可以是戏剧，如京剧、豫剧、川剧，此外还有儿童剧、手偶剧、皮影，可以是曲艺快板、评书、故事会，还可以是歌舞表演、魔术表演，以及自编自演的情景剧等，如能有当地地方戏剧种则更好。

1. 位置安排

表演区通常是较受欢迎的区域，由于其突出特点，大多安置于远离安静区角的位置。随着电视综艺节目的热播，幼儿对主持节目和模仿节目的热情有增无减，许多幼儿园班级表演区常以著名的节目命名，如"星光大道""中国好声音""我是歌手"等，极大地调动了幼儿的活动兴趣，如图 4-3-24 和图 4-3-25 所示。

图 4-3-24　表演区——"花儿乐队"
（图片来自武汉市江夏区直属机关幼儿园）

图 4-3-25　表演区——"星光大道"
（图片来自武汉市江夏区直属机关幼儿园）

2. 区角环境设计

表演区一般由矮柜围成，矮柜上摆放表演时使用的各种道具与玩具；区域正中间为高出地面的小舞台；舞台背后是帷幔或屏风，将舞台分为表演的前台与后台换衣间两部分，为"演员"登台提供了一个过渡区域，构建了一个逼真的舞台情景。此外，还可以用悬挂帷幔来布置舞台。舞台前面用小凳排列成观众席，给参与的观众提供方便。

3. 材料准备

表演区的材料有两种，一种是购买的成品，一种是自制的玩具材料，主要有舞台或地垫、麦克风、音响，以及表演者的服装、道具、头饰、面具等。墙上贴有演出海报、剧情及演员介绍等，营造表演氛围，如图 4-3-26 和图 4-3-27 所示。

图 4-3-26　表演区玩具及材料一
（图片由武汉市江汉区远洋心苑幼儿园提供）

图 4-3-27　表演区玩具及材料二
（图片来自武汉市直属机关曙光幼儿园）

二、区角的管理

区角的管理是整个区角活动的有机组成部分，它既是一次活动的结束，又是下次活动的准备阶段。区角管理的效率、效果直接影响接下来的活动的开展。因此，做好区角的管理，也是区角活动持续开展的必要条件。

区角管理的主要工作包括：区角活动规则的制定、人数的限定、玩具材料的收拾整理等。

区角管理秉持谁使用谁负责的原则,实行民主管理,根据幼儿的年龄、能力水平的不同而有所不同:小班阶段,以教师为主、教师带领幼儿集体参与的形式进行,目的在于培养区角管理意识和习惯;中班逐步转变为以幼儿为主、教师协助的方式;到了大班,老师则应放手让幼儿自主管理区角。

（一）区角管理的要求

区角管理应做到宽严有度,体现民主性;启发引导,发挥主动性;有章可循,实现参与性。

1. 宽严有度,体现民主性

区角在管理中应严格清洁消毒,遵守玩具材料用后清洗、定期消毒等制度,预防传染病的发生,减少玩具使用带来的细菌传播,保障幼儿的健康安全。此外,区角的管理要以幼儿为本,活动的规则越少越好,能不定就不定,给幼儿更多的自由,尤其在美工区;另一方面,要教育幼儿正确使用材料,用多少拿多少,用完不够再拿,一次不要索取过多材料,培养幼儿的节约意识。所制定的规则不只是对负面行为的制止,最好也有对正面行为的鼓励,如能积极参与材料的收集,可以给予优先使用新区角的权利作为奖励等。除恶意破坏外,幼儿在区角的任何行为都应受到尊重,对于有恶意破坏行为的幼儿,可以采用集体裁决的方式,暂时剥夺其进入区角参与活动的资格,并将处理意见录入规则中,以后如有类似情况发生,照此处理,体现管理的一致性和民主性。

2. 启发引导,发挥主动性

区角规则的制定是一个集体行为,制定规则要尊重幼儿的意识、体现民主性。但要注意制定规则要有一定的前提条件,那就是幼儿切实感到有制定的必要,不制定规则的话活动就无法继续下去。制定的方式通常是出现问题后,由教师或幼儿自己组织全体成员思考,经过讨论,得出影响活动开展的主要因素,为控制不良因素,启发幼儿思考如何解决这些问题,经过集体商议,总结得出解决办法,制定成今后大家共同遵守的规则。这一过程中,由幼儿的需要引发很重要,没有这个前提,所制定的规则很难为幼儿接受,更不能成为他们自觉遵守的行为,也就失去了制定规则的意义。同时,这一过程的实施培养了幼儿分析问题、解决问题的能力。

3. 有章可循,实现参与性

规则的内容不宜多,为便于记忆,应控制在三至四条,并按重要程度从上到下依次列出,再由幼儿用他们能够表达的形式或写或画于纸上,粘贴在区角入口显眼处,使所有进入区角的幼儿都能看见,做到有章可循,使更多幼儿乐于走进区角参与活动。

图 4-3-28 所示为区角活动规则示例。

图 4-3-28　区角活动规则
（图片来自武汉市江夏区直属机关幼儿园）

（二）区角材料投放与管理

区角活动的开展离不开材料的使用和管理。在使用中应尽量做到放置有序、整理归类及时。

材料玩具在使用中遵循：使用什么拿什么，将一段时间内需要用的拿出来，放在幼儿随手可取的位置；暂时不需要的收藏于储存间或床下，以免占用区角空间。

可以按材料的体积大小归类，如体积大的放一堆，体积小的放一起；或按材质类型归类，即同一材料放在同一地方（同一整理箱），如塑料放一整理箱、木头放一整理箱，并贴上标签，便于寻找。

区角材料存放设施主要有两种，一是矮柜，二是架子。矮柜和架子的高度以人体工程学中的规定为依据，符合幼儿的尺寸定制或购买，以方便幼儿取放。投放的材料数量上够用就行，不同区域略有不同。如美劳区要求材料玩具要充足，且使用上没有任何限制，但有具体细节上的要求。如：所投放的彩色水笔应带笔帽，防止颜料挥发，同时又便于清洗、消毒；黏合材料在使用前，教师要进行分装，分装成小瓶，分散摆放，而不是将一大瓶放在一个固定位置，让幼儿使用时传来传去，使用起来不方便又容易引发纠纷。角色扮演区所提供的材料一般有限，活动中需要幼儿自己商量，采取轮流使用的办法。

在常规区角的管理中，较为复杂的是自然角。自然角中植物、动物都有，要求教师除掌握简单的动植物饲养栽培知识外，还要具有一定的操作能力。管理自然角对幼儿来说很有吸引力，为做好这项工作，孩子们会主动思考饲养栽培方法，教师也可适时地在活动中慢慢将这方面的知识一点点教授给幼儿，针对不同年龄幼儿的能力，适当给他们安排一定的任务、提出不同的要求，让幼儿参与力所能及的管理及照顾动植物的工作，调动幼儿参与的积极性，从中培养幼儿爱劳动的好习惯。如小班的幼儿可从事一些给植物浇水、给小动物添食的工作；中班的幼儿可以在教师的帮助下，用担当值日生的方法，轮流照顾自然角的动植物；大班的孩子可以独立地做好自然角的管理工作，自己分工，建立完善的值日交班制（即头天值日的孩子，在第二天交班时要向第二天值日的孩子告知动植物的生长情况，及需要注意的问题），定期清扫自然角，集体清扫自然角结束时，自然角值日生要负责收拾整理好工具，检查清扫收拾的结果。这样，将区角的管理演变成培养幼儿能力的试验场。教师要善于从自然角动植物的变化中，不断挖掘新的观察主题和知识点，巩固幼儿的兴趣，培养幼儿的责任意识。

此外，对于幼儿的美术作品及自然角中动物尸体的处理是两件棘手的工作。由于美劳区空间有限，不能容纳过多作品，因此一段时间后需要对幼儿作品进行处理，处理要妥善，注意一定不能当着幼儿的面，毁坏或扔掉他们的作品，否则会伤害幼儿，打击他们今后活动的积极性，可以建议幼儿带回家自己保管，或作为礼物赠送给自己喜欢的人。对动物尸体的处理更要慎之又慎，幼儿感情丰富，尤其对与自己朝夕相处过的小动物更是如此，不可当着幼儿的面处理尸体，更不可随意乱扔，造成对幼儿心灵的伤害。可以采取与幼儿一起安葬小动物的方式，以一个正式的仪式处理好这件事。这样既可以让幼儿了解这是生命成长的自然过程、必经之路，同时通过仪式培养幼儿珍惜生命、善待生命的人生态度。

课后作业

联系实习基地幼儿园某一班级，与幼儿沟通，了解他们的愿望与需要，与孩子们一起实施该区角环境的创设，满足孩子们的愿望。

要求：以人数在五人以内的小组为单位，协作完成；作业以 PPT 报告的形式呈现；报告包括问卷或访谈等了解方式的文字记载、明确的创设目的、设计草图、照片记录的制作步骤、完成之后的反思。

第五章

幼儿园托班环境的创设

【主要内容】

本章分为三部分:第一部分介绍幼儿园早教与托班的概念以及托育环境的特点;第二部分阐述幼儿园托育环境的总体规划及要求;第三部分阐述幼儿园托班室内外环境创设的方法及注意事项。

【学习目标】

厘清幼儿园早教与托育的概念及联系,了解幼儿园托班环境的构成与创设实践操作方法,理解在托班环境创设过程中应把握的原则和方向。

第一节　早教、托育与幼儿园托班

一、早教与托育

早教是早期教育的简称,早期教育在《辞海》中的解释为"对小学以前阶段的婴、幼儿进行的教育"。早期教育有广义和狭义两种定义,广义指从出生到小学以前阶段的教育,即是对0～6岁婴幼儿进行的教育,这里早期教育与学前教育的概念在时间上出现了重合,包含了学前教育;学界默认早期教育是针对0～3岁婴幼儿的教育,即狭义的早期教育,主要指上述阶段的早期学习,即学前教育之前0～3岁阶段的教育。为了精准区分,人们常在"早教"前冠以年龄段,如0～3岁早期教育,本书所谈早期教育亦指此。

早期教育的实施地点可分为早教中心、早教园、儿童之家、托育园及幼儿园(托班)等。早教中心、早教园以亲子课为主。亲子课,顾名思义是由父母与孩子一起完成的早期教育培训课,真实情况是陪伴孩子的往往不限于父母,还有祖父母、外祖父母等其他亲属。亲子课与托育最大的不同之处,除有无父母或其他亲属陪伴外,还有在园时间的长短,亲子课以周为单位,每周1～2次不等,每次不超过45分钟;而儿童之家、托育园及幼儿园(托班)则以托育为主。托育从词义上看,托有委托、寄托之意,育则是保育、养育,即按照一定目的对婴幼儿开展长时、长期的教导和训练。结合托育政策,将托育界定为,为0～3岁婴幼儿提供多样化的保育和教育,以及为父母提供科学育儿指导。

托育通常以天为单位,以季节为周期。婴幼儿在园时间为6～8时/天,即从父母在早上将婴幼儿交于机构或园所直至下午接回家,全由教师与保育员、育婴员照料。一年分为春季与秋季两个学期。一般6～7个月孩子能坐会爬时,由家长带着上亲子课,1岁半以后会走能跑时进托班中的乳儿班,稍大进入托中班和托大班,3岁后进入幼儿园。

早教机构中有亲子课和托育并存的,也有分开设立的。如早教园、亲子活动中心、宝宝之家等,就是专以开设早教亲子活动课为内容的早教机构,武汉的金宝贝儿童早教中心就属这类。但大多数早教机构以两者兼顾为主,既开设早教亲子课,又提供托育服务,如哈沐德早教机构等。而武汉宝武集团珈因早教,实为企业兴办的托育园。此外,还有幼儿园和社区托育园(托班)等。

青柚籽社区托育园如图 5-1-1 所示。

图 5-1-1　青柚籽社区托育园
(图片由青柚籽社区托育园提供)

二、托育与幼儿园托班

托育的实施单位过去以私营早教机构为主,少有公办;近年来在国家大力发展早教事业政策的引领下,托育事业迎来了发展机遇,在人口出生率下滑等因素的叠加下,过去幼儿园无暇顾及的托育,开始引起重视,逐渐走进幼儿园,即幼儿园托班。与早教机构的托育相比较,幼儿园托班有以下特点。

1. 管理更规范

早教机构一般由工商局注册,卫生与妇幼保健机构备案,由两者兼管,在管理上偏重于对婴幼儿的照护与喂养,而教育并非两者管辖范围,故有缺失和不足。而幼儿园有着明确的教育管辖机构——教育主管部门、严谨完备的管理措施与监管体系,并有卫生防疫、婴幼儿健康部门的配合与指导,能更好地满足婴幼儿发展需要,为婴幼儿健康成长保驾护航。

2. 师资更强劲

幼儿园从业者需获取幼儿园教师资格证,方有进入幼儿园工作的资格,而早教机构没有这样翔实具体的硬性要求。虽然从专业角度上来说,托育与幼儿园教育有所区别,但不可否认二者也有共通之处,其从业者相互转化的难度不大。

此外幼儿园本就有小班存在,老师在照护婴幼儿方面有一定的积累;在职业素质培训上,幼儿园有成熟的模式和管理办法,这些都是托育服务开展难得的坚实后盾。

3. 条件更优越

幼儿园有固定的园所,早教机构大多为租赁房,幼儿园无论是室内活动面积还是户外场地,都是早教机构不能比肩的,且上过幼儿园托班的婴幼儿已与照护者建立了稳定的依恋关系,不出意料一般都会留在幼儿园,继续升班,很少离开另选他处。稳定的生源是幼儿园经济的有力保障,也促使幼儿园有更多的资金投入到托育环境的提升上,幼儿园发展呈现良性的态势。

婴幼儿用品如图 5-1-2 和图 5-1-3 所示。

图 5-1-2　宝宝学坐椅

（图片来自网络）

图 5-1-3　训练婴儿抬头用的趴趴枕

（图片来自网络）

三、托育环境特点及要求

在幼儿园中,托育环境因其服务对象的特殊性而与众不同,有其自身的特点(见图 5-1-4 和图 5-1-5)。因服务于 0～3 岁的婴幼儿,这些孩子年龄小,自理能力弱,动作、心智尚在发育,对照护者提出更高的照料要求。托育环境的创设相比于幼儿园大环境,其要求更为细致,具体如下。

图 5-1-4　乳儿班室内活动器械一

（图片由青柚籽社区托育园提供）

图 5-1-5　乳儿班室内活动器械二

（图片由青柚籽社区托育园提供）

（1）环境的安全标准更高、更详细。

婴幼儿时期是人生中成长发育最快的时候,婴幼儿一方面依靠从母体中携带的抗体对付环境中的病毒,一方面通过自身的努力在一次次与病毒的斗争中获得免疫力。易感染、易生病是婴幼儿的常见现象。为维护婴幼儿健康,对托育机构环境的清洁要求超出幼儿园一般标准。尤其是只会爬不会走的孩子,大多数时间待在地毯、地垫上,这一时期又与婴幼儿吮指期重合,婴幼儿的小手一会儿在地上爬,一会儿拿玩具,卫生安全风险加大,因此环境卫生标准更高:不仅要为孩子们准备爬行专用服装(见图 5-1-6),保持衣物的清洁卫生,减少细菌的传播,还要随时清洁地面污物,一天之中多次进行地面消毒杀菌,保持地面清洁卫生;除每日口杯、擦手巾消毒外,一天中还有两到三次空气消毒。用严谨细致的卫生消杀措施为婴幼儿健康保驾护航。

（2）环境的服务对象为双主体,既有婴幼儿,也有照护者。

托班婴幼儿身体发育不完全,心智尚在成长,无论是生活还是学习都需要成人的协助与支持。因此,在托育环境的创设上,要为婴幼儿提供安全舒适的生活设施,设施设备既要考虑婴幼儿的需要,又要满足

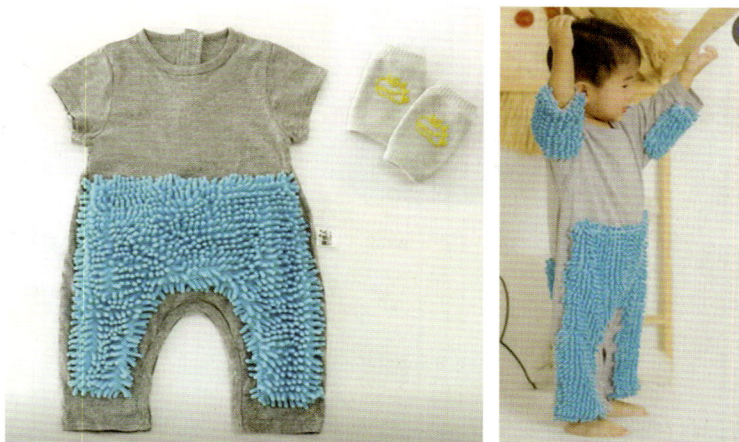

图 5-1-6　宝宝爬行服及装备
（图片来自网络）

照护者，为照护服务提供便捷高效的工作环境。如：室内家具对应人体工程学中照护者的尺寸大小，安置位置符合照护工作流程；室内布置全视野无死角，使工作中的照护者在任何时间、任何位置都能观察到幼儿，或让幼儿看到照护者，以便及时回应幼儿的需要，顺利开展工作，满足婴幼儿情感的需要，落实回应式照护的要求。如图 5-1-7 所示为带镜子的婴儿睡眠区，托班婴幼儿寝具旁配有镜子，一方面让孩子能够照到自己的影像，同时便于教师观察每一个孩子的睡眠状况。

（3）环境的设计要与婴幼儿发展相联系。

环境是重要的教育资源，这种资源的价值在于使用，不能使用的资源只是摆设，价值会大打折扣。托育环境要与婴幼儿发展阶段相联系，不同发展阶段有不同发展的关键期，要把握关键期，在环境中创设对关键期实施影响的设施设备，促进婴幼儿的发展。如自助喝奶枕（见图 5-1-8），帮助婴幼儿自己喝奶的同时，提高了婴幼儿自主能力的发展；1 岁后是婴幼儿学步期，护头枕（见图 5-1-9）在幼儿活动时保护其头部以防碰

图 5-1-7　带镜子的婴儿睡眠区
（图片由青柚籽社区托育园提供）

撞摔伤；1.5～2.5 岁是语言发展的敏感期，在图书角中投放婴幼儿绘本，既可让教师为孩子读绘本讲绘本，还可以让孩子自己倾听有声读物，促进他们的语言发展等。

图 5-1-8　自助喝奶枕
（图片来自网络）

图 5-1-9　护头枕
（图片来自网络）

（4）重视园所软环境的塑造。

婴幼儿的照料工作针对的是年幼的孩子，因此对看护师、保育员、育婴师有着更高的要求。除技术层面外，由于0～3岁阶段的孩子语言尚在发育中，表达不顺畅，心智尚在成长，加上在新环境中对环境的适应、接受需要时间，需要照护者仔细观察，耐心倾听，不厌其烦地询问，带着情感去积极主动回应孩子的愿望与要求，用经验分析把握孩子的意图与想法，从专业的角度尽快建立与被照护者的依恋关系，实现养、护并重，照、育同行。人们常说的托育教师的"三心"——爱心、耐心、细心，缺一不可。

此外，全园上下要统一认识、团结一致，将职业素质、师德培养放在园所发展的首位，用专业精神建设充满爱的幼儿园软环境，让走进园所的每一位婴幼儿都能感受到老师们的关爱，使每一处环境都充满对婴幼儿发展的支持与尊重，使托班成为婴幼儿成长的乐园。

课后作业

实地考察一所托育机构或幼儿园托班，对照早教托育建筑要求自制一个调查表，为该托育机构或托班环境打分。

第二节　幼儿园托育环境的总体规划及创设方法

一、幼儿园托育环境的构成及特点

幼儿园托育的实施目前大体分两种：一种是班额少规模小，以托班的形式融入幼儿园；第二种规模较大，由多个班级组成，往往以单独的托育园，既园中园的方式安置在幼儿园内。两者各有所长，第一种便于管理，第二种有专门的楼宇、独立的院落、专门的系统，可以为婴幼儿提供更精准的服务。

二、幼儿园托育环境总体规划

幼儿园托育环境按规模大小分为托育园与托班两种，无论何种都要对环境进行总体规划与设计。根据《托儿所、幼儿园建筑设计规范》要求，四个班及以上的托儿所、幼儿园建筑应独立设置，即设置独立的托育园，下面以托育园为例考察其规划和特点。

1．位置

托育园一般安置在幼儿园环境较为安静的一隅,最好有独立的出入系统,避免与园所大孩子争占空间,也方便意外时幼小孩子能及时逃生疏散。

2．楼宇

托育园在幼儿园楼宇中一般安置在一、二层,如楼宇中还有其他班级,应为托育园设置专门的楼梯和进出通道,以便与幼儿园其他班级分开使用。

图 5-2-1 所示是武汉市洪山区青柚籽社区托育园的平面示意图。

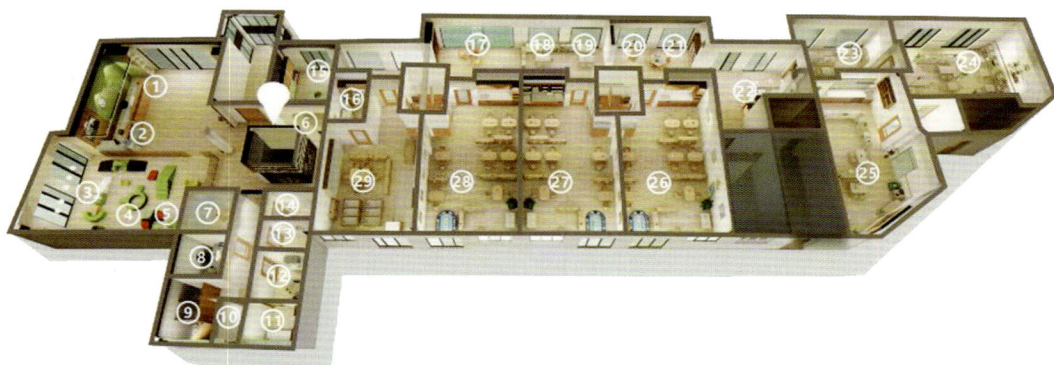

① 接待区	⑥ 您的位置	⑪ 隔离间	⑯ 母婴室	㉑ 阅读区	㉖ 活动室3
② 茶歇区	⑦ 洽谈区	⑫ 保健室	⑰ 游戏体验区	㉒ 烘焙区	㉗ 活动室4
③ 等候区	⑧ 财务室	⑬ 亲子卫生间	⑱ 艺术创作区	㉓ 蒙氏活动区	㉘ 活动室5
④ 戏剧表演区	⑨ 卫生间	⑭ 储藏间	⑲ 建构区	㉔ 活动室1	㉙ 活动室6
⑤ 感统区	⑩ PA间	⑮ 换鞋区	⑳ STEM区	㉕ 活动室2	

图 5-2-1　青柚籽社区托育园平面示意图
（图片由青柚籽社区托育园提供）

整个园区大体分为两大部分,左边是管理服务区,右边是生活区,两者间由更衣室分隔,进门后 1、2 为门厅,3、4、5 合起来构成接待空间,7、8、9、10、11、12、13 等构成托育园的管理服务区(见图 5-2-2 和图 5-2-3)。

图 5-2-2　大厅
（图片由青柚籽社区托育园提供）

图 5-2-3　更衣室
（图片由青柚籽社区托育园提供）

从更衣室往右即是生活区,所有进入生活区的婴幼儿都需在更衣室更换室内专用鞋方可进入。生活区北面是带落地式玻璃窗的开阔的长廊,南面从左向右依次安置一个乳儿班、三个托中班和两个托大班。

与托中、托大班不同的是,乳儿班旁带一个哺乳间(见图5-2-4),与一个托中班共用一个卫生间。乳儿班与托中班的区角采用共用共享的形式,安置在北面走廊上(见图5-2-5至图5-2-7)。

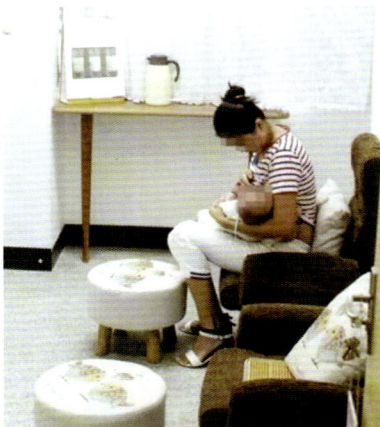

图 5-2-4　哺乳室
(图片来自网络)

图 5-2-5　共享区角一
(图片由青柚籽社区托育园提供)

图 5-2-6　共享区角二
(图片由青柚籽社区托育园提供)

图 5-2-7　共享区角三
(图片由青柚籽社区托育园提供)

　　生活区最右边是两个托大班,与托中班之间由一个烘焙室隔开。烘焙室既是全园公共活动室,也是连接托中班与托大班的缓冲地带。两个托大班之间是共用的蒙氏活动室。整个园所功能齐全、布局合理、松紧有度,将整面玻璃墙的长廊布置为共享区角,不仅拓宽了室内空间,促进了婴幼儿社会交往,也充分利用自然,将自然光与户外环境引入室内,丰富托育环境空间,成为社区托育园的典范。

三、托育环境创设的注意事项

1. 将安全落实在细节中

　　安全性是幼儿园环境的第一要务,托班更是如此。0～3岁是幼儿空间感发展时期,他们会用感官去探索世界,用嗅觉感受植物的气味,用皮肤感受气温的变化,喜欢用手去探索周围的环境,用拉、扯、拽的方式感受空间的变化,因此托育环境的创设在细节上尤其要注意。如:柜门房门,要防止幼儿夹手;窗帘挂绳的下垂高度要在孩子伸手够不到的位置;有台面的桌柜上不能铺设台布,防止孩子拖拽台布将桌上物品带下,砸伤孩子,等等。总之,要尽量降低环境中潜在的安全风险,为孩子们创造安全舒适的成长环境(见图5-2-8至图5-2-12)。

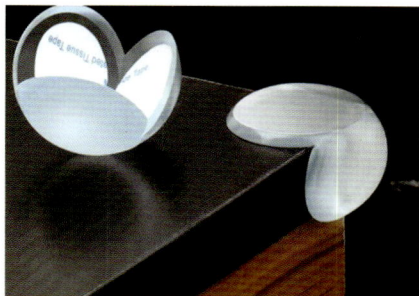

图 5-2-8 桌边防撞角
（图片来自网络）

图 5-2-9 桌边防撞条
（图片来自网络）

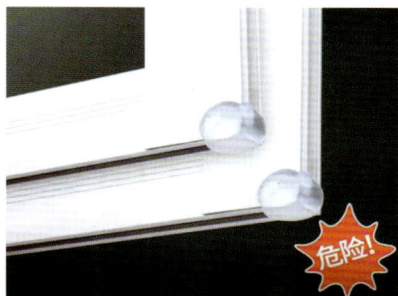

图 5-2-10 窗角保护套
（图片来自网络）

图 5-2-11 幼儿园托班防夹手门一
（图片由湖北省省直机关第二幼儿园贝婴托育中心提供）

图 5-2-12 幼儿园托班防夹手门二
（图片由湖北省省直机关第二幼儿园贝婴托育中心提供）

2. 在环境的"变与不变"中找到平衡

幼儿从一出生就在用感官感知自己与周围的环境,头几个月对空间的认识还很模糊,随着时间的推移,幼儿通过声音感知距离的远近,开始对空间有初步认识。1～2 岁的时候,幼儿开始对周围环境产生兴趣,用触摸、抓取、拉扯等身体动作,以及爬行、走路等自主移动身体主动探索,进一步认识空间。3～4 岁幼儿开始空间操作,他们能按照指示将物品放到指定的位置和方向,用简单的图像表示物品的位置和方向。幼儿空间感的发展是一个逐步深化的过程,需要在日常生活和游戏中充分锻炼和培养。教师在环境创设时要注意保持环境在一段时间内的稳定性,婴幼儿空间能力的发展早期需要稳定和持久的环境,以便幼儿通过视觉等感官捕捉不同空间中的标志性物品,通过标志物与空间的连接构建空间印象,建立空间意识,培养空间感知能力;同时熟悉而稳定的环境,易使婴幼儿产生对环境包括教师、保育员的依恋情感,这种情感不仅能提高婴幼儿的自我意识,对促进婴幼儿的社会发展也具有重要作用。而长时间不变的环境,也容易造成视觉疲劳,降低婴幼儿对环境的探索兴趣。所以,托育机构的从业者要在环境创设中妥善处理"变与不变"的关系,在稳定的大环境中通过营造小变化,找到"变与不变"的平衡点,让环境成为促进婴幼儿发展的推土机和铺路石。

3. 托育环境要为婴幼儿自由活动、自主探索提供支撑

《幼儿园教育指导纲要(试行)》明确指出:幼儿园的空间、设施、活动材料和常规要求等应有利于引发、支持幼儿的游戏和各种探索活动,有利于引发、支持幼儿与周围环境之间积极的相互作用。

孩子对周围的世界充满好奇,并用身体对环境进行不断的探索,这些探索很大程度是由婴幼儿自身发展的需要而自发产生的,这种产生过程充分体现了幼儿主体意识的觉醒。由于孩子的知识经验不足,

需要教师抓住孩子们的兴趣点、把握教育契机，进行正确引导；而引导可能在孩子问题出现之初，或问题出现的过程中，甚至在孩子问题解决时，无论哪个阶段，都需要教师为婴幼儿自由活动、自主探索提供与活动密切相关的设施和操作材料（见图5-2-13）。

图 5-2-13　婴幼儿触摸墙
（图片由武汉东南乾丰恒裕工程有限公司提供）

第三节　幼儿园托班环境创设

一、托班室内环境

（一）托班室内环境的构成

幼儿园托班室内环境由服务区、生活区、（游戏）活动区等几个部分构成。

1. 服务区

托班服务区由三大块组成，除换鞋区外，就是配餐台和尿布更换台。换鞋区（见图5-3-1至图5-3-3）一般安置在班级和活动室入口处，是进出托班的所有人更换鞋子的地方，这里按季节为婴幼儿提供不一样的室内活动穿的软底鞋，还有成人用的室内布鞋套。换鞋区大多由一排鞋柜和换鞋椅构成，方便由室外进入室内前幼儿与老师换鞋使用。鞋柜前安置的是条状换鞋凳，可供几个孩子同时操作；此外，换鞋凳旁有时也会安置一两张保育员老师坐的凳子，老师坐在凳子上可以帮助需要协助的婴幼儿穿鞋和系鞋带。

图 5-3-1　换鞋区一
（图片由哈沐德国际婴童学院提供）

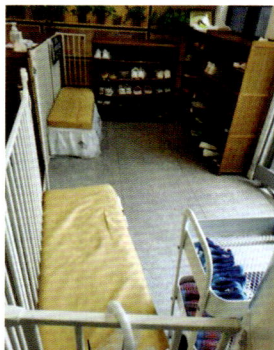

图 5-3-2　换鞋区二
（图片由哈沐德国际婴童学院提供）

图 5-3-3　换鞋区三
（图片由哈沐德国际婴童学院提供）

配餐台由操作台及冰箱、热奶器、搅拌器、面包机等设备构成,类似简易厨房,是为婴幼儿冲泡牛奶、制作辅食的地方。配餐台大多采用开放式,使位于操作台内的老师、保育员可以随时了解室内婴幼儿活动状态;而孩子在教室的任何地方,只要一抬头,老师、保育员就在眼前。老师们可以一边加工食材,一边与孩子交流,让孩子可以清晰地看见食物加工过程,满足孩子的期待,又有助于调动孩子的食欲(见图 5-3-4 和图 5-3-5)。

图 5-3-4　托班无视障的配餐间
(图片由青柚籽社区托育园提供)

图 5-3-5　托班无视障的配餐台
(图片由青柚籽社区托育园提供)

尿布更换台一般与配餐台分开安置,为保证环境的卫生安全,应尽量拉开距离。尿布更换台一般在休息区的婴儿床附近,方便随时照料。尿布更换台既是服务于婴幼儿的设施,也是支持婴幼儿自主探索与活动的设备。如宝武集团珈因早教乳儿班的尿布更换台就是一个带楼梯的设备,孩子知道自己需换尿布时,可以一边告知老师,获得老师帮助,一边自己爬上尿布更换台,配合老师的照护。带楼梯的设施在满足婴幼儿身体需要的同时,也支持鼓励幼儿自己动手,积极实践,不断提高自理能力,从而培养健全人格(见图 5-3-6)。

图 5-3-6　多功能尿布更换台
(图片由宝武集团珈因早教提供)

2. 生活区

生活区包含饭桌、睡眠区和卫生间三部分。饭桌有圆形、方形和半圆形等多种形状(见图 5-3-7 至图 5-3-9)。饭桌有多重功能:婴幼儿进餐时是餐桌;游戏时是桌上游戏平台;区角活动时还可当隔断家具,分隔不同区角。总之,用餐区是一个可随需要转变功能的弹性区域。

图 5-3-7　托班圆形桌

（图片由湖北省省直机关第二幼儿园
贝婴托育中心提供）

图 5-3-8　托班方形桌

（图片由青柚籽社区托育园提供）

图 5-3-9　托班环形桌

（图片由珈因早教提供）

　　睡眠区常安置在偏僻安静的地方,孩子越小越要使用一人一个的单独床具,以保证婴幼儿的睡眠质量,避免相互干扰(见图 5-3-10 和图 5-3-11)。

图 5-3-10　婴儿睡具一

（图片来自网络）

图 5-3-11　婴儿睡具二

（图片来自网络）

　　卫生间由厕所和盥洗台组成,位置最好邻近活动室和睡眠休息区。厕所和盥洗台分开设置,并带外窗,以便通风换气,无外窗的卫生间应设置防止回流的机械通风设施。卫生间设施主要有大便器、小便器、盥洗台、污水池,所有的设施配置高、宽、间隔要符合婴幼儿尺寸与卫生防疫要求(见图 5-3-12)。卫生间的门不宜正对生活区。为便于教师看护,生活区内照明应充足,卫生盥洗间与睡眠区、活动区视线无阻挡,具有良好的贯通性,以随时观察幼儿的情况,及时处理出现的问题(见图 5-3-13)。

　　3. 游戏活动区

　　游戏活动区包括集体活动区和班级区角。集体活动区有地面与桌上活动之分,地上不仅铺有地垫或地毯,而且有简单的活动设施,如婴幼儿爬爬梯。托班班级区角一般设置 2～3 个,常见的是图书角、玩具屋和娃娃家,每个区角配有相应的图书、玩具等。活动区四周除座椅外,还有防护墙或防撞围栏。

图 5-3-12　婴儿洁具

（图片来自湖北省省直机关第二幼儿园贝婴托育中心）

图 5-3-13　托班无视障的卫生间

（图片由青柚籽社区托育园提供）

（二）托班室内环境创设案例

欣赏以下托班室内环境的布局,分析该设计的优缺点,发表自己的观点。

说明:珈因早教是宝武集团武汉钢铁公司下属的早教机构,产生于二十世纪五十年代,是迄今为止武汉市企业办园历史最悠久的园所,当年为解决企业员工子女入托,让工人们安心工作而兴办。机构在多年办园中积累了丰富经验,形成了一整套养育服务管理办法,成为普惠制托育机构的典范,其在托育环境创设中的经验也很值得推广。以下就以该园的一个托班活动室为例具体分析其特点(见图5-3-14)。

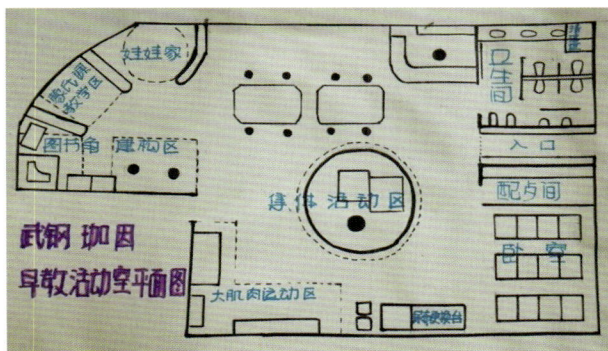

图 5-3-14　早教活动室平面示意图

1. 功能齐全,分布合理

活动室以朝向为中心,因阳光而布置。教室坐北朝南,入口在北面,由一条形走廊进入,走廊两侧是长条形换鞋凳,是幼儿与老师进入活动室的必经之路。活动室最南边是一排弧形的落地窗,阳光从窗户直射入活动室。在光线最好的窗旁安置了几个小型活动区角,如图书角、娃娃家和蒙氏材料区等。活动室中间又分为两部分,东部安置小饭桌和教师工作台,小饭桌既是婴幼儿吃饭的地方,也是开展桌上游戏的操作台。活动区正中心是一块圆形地垫,上面有攀爬设施,这是婴幼儿集体活动区域。西面靠墙处放置一些大肢体运动器械,因为紧挨后门,方便天气好时将设备移至户外开展活动。整个活动室充分利用光照安置设施,前后门错位相对有利于室内空气流通。

2. 污洁分离,动静分开

在远离窗户的活动室最里面是卫生间与生活休息区,它们被分别安置在入门通道(换鞋区)左右两边,左边安置的是睡眠休息区,睡眠休息区旁边安置的是配餐区,配餐区正对睡眠休息区,方便教师就近照护。而换鞋区右边（教师工作台旁）安置的是卫生间，这样的安置有效地将污、洁区分离，保证了环境安全，也有利于培养幼儿的卫生习惯。同时，区角与室内活动区分离，既在功能上实现了动静分开，视觉上也并无障碍。整个活动室连为一体，无论是卫生间、配餐台还是教师工作台，在任何位置老师都能观察到孩子，孩子只要一抬头也都可以看到老师就在身边，给孩子充分的安全感。

3. 固活适宜，方便管理

三岁以下托班幼儿大肢体运动能力尚在发展，有较长时间在地面游戏，因此要为婴幼儿室内活动的开展预留足够的地面空间。活动室不仅要有固定的实施，也要有能够随时移至室外的活动实施，用以打破室内室外活动界限，使婴幼儿的活动能够不受限制，全天候开展。而无视觉遮挡的环境，也方便了教师的观察，便于教师随时根据婴幼儿需要进行照护。

（三）托班室内环境创设应注意的事项

1. 环境的适宜性

托班环境除安全性外，还需根据不同班型创设适宜的环境。如招收年龄不同的婴幼儿的混龄班，创设时要考虑各年龄段婴幼儿的需求，选用不同高矮的座椅板凳，让所有孩子都能在环境中找到合适尺寸的用具，使每个孩子都能体会到舒适愉快（见图5-3-15）。

图 5-3-15　幼儿园混龄托班座椅
（图片由珈因早教提供）

再如托育环境中年龄最小的乳儿班，有尚在喝奶的孩子，故在班级活动室旁安置专门的哺乳室，面积不小于10平方米，为母亲与婴幼儿提供一个安静舒适的空间（见图5-3-16和图5-3-17）。

图 5-3-16　哺乳间一
（图片来自网络）

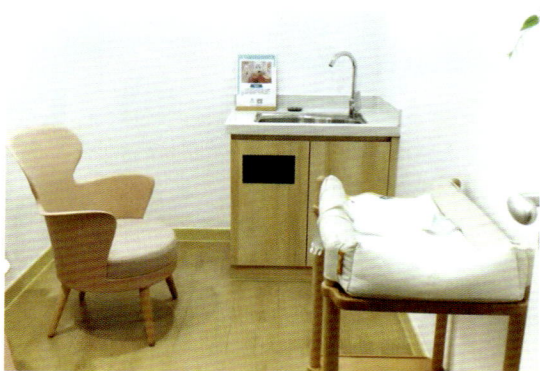

图 5-3-17　哺乳间二
（图片由青柚籽社区托育园提供）

2. 采光与照明

幼儿园托班在充分利用日光的同时,还要注意灯光的设置,尽量避免直射光。由于孩子较小,为保护婴幼儿视力,室内照明应采用柔和明亮的漫射光,灯具能根据需要调节灯光强弱(见图5-3-18至图5-3-20)。

图 5-3-18　托育园光照环境一
(图片由湖北省省直机关
第二幼儿园贝婴托育中心提供)

图 5-3-19　托育园光照环境二
(图片由湖北省省直机关
第二幼儿园贝婴托育中心提供)

图 5-3-20　托育园光照环境三
(图片由青柚籽社区托育园提供)

3. 重视室内环境与户外活动环境的结合

托班幼儿行动能力、运动能力正处在快速发展提升之中,在环境创设中可利用落地玻璃窗、玻璃墙将户外环境如植被延伸至室内,成为室内环境的补充,使班级环境生意盎然、充满生机活力(见图5-3-21至图5-3-23)。

图 5-3-21　室内与户外结合的托班环境一
(图片由湖北省省直机关第一幼儿园提供)

图 5-3-22　室内与户外结合的托班环境二
(图片由湖北省省直机关第一幼儿园提供)

二、户外环境

(一)户外环境的构成

幼儿园托班的户外环境往往与幼儿园室外环境分开,单独设立。托班户外活动场地人均不少于 3 m²,且每班均有固定的活动区域。为保证婴幼儿每日户外活动的开展,户外活动环境的创设不可小觑。

图 5-3-23　室内与户外结合的托班环境三
（图片由湖北省省直机关第一幼儿园提供）

托班户外活动环境与幼儿园大体无异，只在器械上有所区别：一是体量较小，尺寸更适合婴幼儿；二是有固定式，也有活动式。托班户外活动器械以活动式为主，往往是将室内活动器械移至户外开展活动，有体能活动器械，也有感统训练设施等。户外活动时，老师们常在户外铺上地垫，让婴幼儿在阳光下的地垫上开展活动。图 5-3-24 所示是湖北省省直机关第二幼儿园贝婴托育中心的老师用手环牵着孩子们外出活动。

图 5-3-24　老师用手环带托班幼儿走出教室开展户外游戏
（图片由湖北省省直机关第二幼儿园贝婴托育中心提供）

目前适合婴幼儿的户外活动设施并不多，幼儿园小班使用的设施器械，虽可以在托班游戏中使用，但专业性和针对性不足的问题突出，需要老师用专业精神、教育智慧来弥补，通过旧瓶装新酒，改造传统游戏的玩法，或旧物新玩等方式，让户外游戏成为婴幼儿热衷的活动，用有趣的户外游戏、适合的活动设施、丰富的户外玩具，吸引孩子积极参加户外活动，培养婴幼儿活动兴趣，锻炼他们的体能，促进孩子们运动能力的发展。

（二）托班户外环境布置要注意的事项

户外活动的目的，一是让孩子多晒太阳，促进钙的吸收；二是增加婴幼儿的活动量，促进食物在体内的消化；三是通过活动提高婴幼儿肢体运动能力和身体协调性。

《托儿所、幼儿园建筑设计规范》中明确指出,"室外活动场地应有1/2以上的面积在标准建筑日照阴影线之外",用以保证户外活动场地日照条件,故托班户外环境要选择阳光充足、无遮挡的地方。由于婴幼儿年龄太小,皮肤细嫩,不适合长时间暴露在太阳下,因此户外活动环境中一定要有遮阳条件,如树荫、遮阳棚等,没有树荫的户外要安置遮阳伞或遮阳帐篷,保护婴幼儿,以免皮肤灼伤给孩子造成伤害(见图5-3-25和图5-3-26)。

图 5-3-25　户外环境中的防晒设施
(图片由武汉常青童馨幼儿园提供)

图 5-3-26　楼顶运动场(户外环境)的防晒设施
(图片由武汉经济技术开发区永久幼儿园提供)

户外活动受天气影响较大,随着园所发展,这类问题正在逐步解决,如利用半封闭式阳台或楼顶建设玻璃房或有伸缩窗帘的玻璃顶,使婴幼儿的户外活动摆脱天气束缚,实现全天候都能活动,为孩子们的成长创造更优越的环境(见图5-3-27至图5-3-30)。

图 5-3-27　带玻璃顶的阳台

（图片由湖北省省直机关第二幼儿园
贝婴托育中心提供）

图 5-3-28　半封闭式的天顶露台

（图片来自网络）

图 5-3-29　阳台上的婴幼儿户外活动设施一
（图片由湖北省省直机关第一幼儿园提供）

图 5-3-30　阳台上的婴幼儿户外活动设施二
（图片由湖北省省直机关第一幼儿园提供）

课后作业

托班的户外环境为何单独设立？这样做有何益处？

第六章

幼儿园主题活动环境的创设

【主要内容】

本章分为两节：第一节介绍主题环境的概念以及班级活动室内主题环境的创设和主题墙的设计制作；第二节着重介绍幼儿园大型主题活动环境——主题馆的设置。

【学习目标】

了解幼儿园主题环境的构成、创设主题环境所应把握的线索脉络，尝试进行简单的主题环境的创设规划，为今后幼儿园工作打下基础。

第一节　班级主题环境的创设与主题墙的设计制作

一、主题环境介绍

1. 主题环境的定义

主题环境是主题活动环境的简称。幼儿园主题活动是指在幼儿园教育活动中，围绕一个主题，以环境创设为中心，以幼儿情感、态度、能力、知识、技能发展为方向进行的幼儿园综合教育活动；内容上包括健康、语言、社会、科学、艺术等领域。

主题活动环境就是为满足主题活动的开展，由教师与幼儿一起创设、布置的幼儿园活动环境。主题活动环境范围较大，包括幼儿园室内外整体环境，由于篇幅有限，本章重点讨论班级活动室内的主题活动环境（简称班级主题环境）以及以主题馆为代表的幼儿园大型公共主题环境。

2. 主题活动环境的特点

主题活动环境具有综合性、持续性、社会文化性等特点。

1）综合性

主题活动环境无论是小的班级活动室内的主题环境，还是大型公共主题馆式的主题环境，它们基本对应的是幼儿园五大领域、三大目标（情感与态度、能力、知识与技能），在具体操作上，虽有不同的侧重，但目标是一致的，即打通不同领域的学科界限，以构建整体性、直观经验为目的。

2）持续性

主题以幼儿发展需要为背景，在环境中生成，以区角的形式呈现，区角环境为主题活动的开展而创设，又随活动进程而展开、不断延伸。主题活动环境不是为一两节课程而布置的简单情景，通常是较长一段时间内区角环境的动态发展轨迹，如果主题选择较好，孩子们的兴趣始终不减，这种发展有时会持续几个月甚至一个学期。

3）社会文化性

主题环境持续发展的根本动力来自主题，有吸引力的主题就有生命力。通常哪些主题能吸引幼儿呢？那一定是来自幼儿熟悉的生活，联系着他们的生活实际的主题，他们才会感到亲切，自觉地将生活体验带到活动中，带入课题中。因此，要想捕捉到富有吸引力的主题，就必须关注幼儿的生活及其家庭，以及由家庭构成的社会和社会中的文化，只有这样的主题才够鲜活，才会亲切，才能吸引幼儿。

3. 主题的来源

主题的来源有两种：一种是预先设定的；一种是偶发产生，被教师捕捉到的。第一种是教师根据幼儿的年龄、兴趣及要求，结合幼儿的生活和正在进行的教学活动而设定的，对教师的专业要求较高，具有机遇性和挑战性，是教师教育艺术与教育智慧的体现，可遇而不可求；后者占大多数，创设时要注意幼儿的主体意识，不能越俎代庖、本末倒置，以教师个人意愿决定。

二、班级主题环境的创设

班级主题活动环境具体分为两种类型：预先设定的主题活动的环境与偶发生成的主题活动的环境。

（一）预先设定的主题活动的环境

如"八一"建军节来临之际，幼儿园为了满足孩子们想当英雄解放军的愿望，开展了"我是小小解放军"的主题活动。通过"怎么才能够成为解放军""当解放军有哪些要求，需要遵守什么规则""解放军有哪些军种，每个军种需要练就什么本领"等一系列活动，让幼儿在一年一度的建军节，充分感知体验"我是一个小小兵"的快乐。

围绕该主题在班级开展了以下活动，为配合活动的开展，活动室创设了相应的区角环境。

（1）社会活动：参观军营（社会领域活动，激发主题）。了解解放军的一日生活，感受军人纪律严明、服从命令、听从指挥的军旅文化，学习军人不怕苦、不怕累的精神。

环境布置：在活动室布置了一个围绕军旅文化的主题墙。主题墙分为三大板块，分别是建军节的由来、解放军各军种的武器、我是小小解放军。第一阶段，活动的预热，了解解放军，完成第一板块——建军节的由来，其余两个板块在今后的活动中继续完成。

（2）艺术活动：制作解放军报。在家长的协助下，幼儿运用计算机查找资料，制作一张介绍解放军陆海空三军戎装、武器的宣传册。

环境布置：在美劳区为孩子们提供纸张、剪刀、彩笔和胶棒，让他们根据所掌握的知识制作介绍解放军各军种的简报，并张贴展示于区角墙壁上。

（3）科学活动：创设问题情境——解放军在战斗中是如何快速运送武器弹药的，开展科学探究实验。

环境布置：在探究区内用建构区的游戏材料——各种积塑、积木，引导幼儿探索如何在有限的时间、空间内用最快的速度装运更多的材料（武器弹药）。在区角活动开展时，以军旅歌曲作为活动的背景音乐，使幼儿在浓郁的军旅氛围中进行游戏操作。

（4）音乐活动：学唱儿童军旅歌曲《小海军》《小号手之歌》。

环境布置：选择幼儿用积塑、积木制作的"武器装备"以及军种简报、宣传册，拍成图片粘贴于主题墙第二板块，完成各军种及武器介绍。

（5）语言活动：听英雄黄继光的故事，讲英雄邱少云的故事。

环境布置：在图书角张贴黄继光、邱少云、雷锋等英雄、名人的照片，激发幼儿了解照片背后的故事的兴趣。以所参观的军营为蓝本，利用幼儿园现有条件，通过简单的改造，制作军事体育活动设施——栏杆、攀爬网，营造军营氛围，为实现"我是小小解放军"的梦想做准备。

（6）体育活动：将幼儿分成若干小组，以对抗赛的方式，玩各种军事游戏，在钻、爬、跳、滚、翻、跑等运动中完成跨越、投掷、躲闪等动作，提高幼儿的平衡能力、协调性、灵活性，培养幼儿勇敢与协作的精神。

环境创设：收集幼儿军事游戏活动资料，将活动过程拍成照片，粘贴于第三板块——我是小小解放军，至此主题墙完成（见图 6-1-1），整个主题活动结束。

图 6-1-1　主题活动"我是小小解放军"主题墙
（图片来自武汉火箭军指挥学院幼儿园）

（二）偶发生成的主题活动的环境

在偶然中产生、被教师敏锐地捕捉到并有意识地促使其生成的主题，即偶发生成的主题。主题的产生非预先安排，而是由偶发事件所引起，具有突发性等特点。

如 2012 年南空小百灵幼儿园大班中一位小朋友暑假期间随父母去新疆旅游回来后，为全班小朋友带来一些新疆的食品供大家品尝，从孩子们热烈的、绘声绘色的谈话中老师发现了幼儿的兴趣所在，经过商议，他们决定以新疆旅游为主题开展区角活动。于是老师首先让幼儿回家上网查询新疆的旅游资源有哪些、名胜古迹在哪里，将大家收集来的资料在美劳区里剪贴制作成若干宣传册。随后将语言区打造成一个以"天山"命名的旅行社（见图 6-1-2），以举办新疆旅游节为名，招募导游，由幼儿扮演的旅游服务公司工作人员，有模有样地认真面试应聘者，应聘成功者即为旅游服务公司导游。随后，举行旅游推介会，导游们就开始拿着旅游线路宣传册，向人们介绍新疆的旅游线路和景点。

图 6-1-2　语言活动区——天山旅行社
（图片来自南空小百灵幼儿园）

旅游推介会进行完之后，就会有报名新疆旅游的游客，于是室内活动室被依次设计成与旅游有关的区角，数字区被布置成自动提款机（见图 6-1-3），孩子们在区角中学习识别面值不同的纸币。旅游节开幕，班级活动室被依次布置成不同的区角，如美劳区与角色扮演区合并，成为新疆具有民族特色的前店后厂的民族服饰店（见图 6-1-4）。服饰店内悬挂着生活在新疆的主要少数民族的服饰图片，店面前半部分是出售服装的服饰店，后半部分是加工厂，用于制作民族服装。

图 6-1-3　数字（益智）区——
自动提款机
（图片来自南空小百灵幼儿园）

图 6-1-4　民族服饰店
（图片来自南空小百灵幼儿园）

而表演区则成了新疆独一无二的大巴扎广场（大巴扎广场是新疆维吾尔族人民每逢节日就自发聚集在一起载歌载舞的地方），如图 6-1-5 所示。

图 6-1-5　表演区——大巴扎广场
（图片来自南空小百灵幼儿园）

美劳区中幼儿的插编纸艺作品则成了角色扮演区新疆地毯店中的商品。幼儿在美劳区制作的维吾尔族小帽（见图 6-1-6），也成为深受"游客"欢迎的手工制品，供"游客"选择，"游客们"可以在店里选择自己需要的民族商品。

图 6-1-6　幼儿制作的维吾尔族帽
（图片来自南空小百灵幼儿园）

此外，以阿凡提为形象代言人的民族美食街，陈列了手抓羊肉、大盘鸡、库车汤面、羊肉串等新疆美食。活动室每隔一星期就会增添或调整一个区角，让幼儿对区角活动不断有新鲜感；随着活动的持续，幼儿对新疆民族文化与宗教文化的认识逐步加深，活动进一步深入。

在建构区里，老师有意将新疆民居、宗教建筑——清真寺和制作葡萄干的晾房图片张贴在墙壁上（见图 6-1-7 和图 6-1-8），营造出新疆建筑文化氛围，幼儿在认识了解当地民俗文化的同时，可以以此为蓝本用积木搭建起新疆建筑模型,实现从感受中来,在体验中加深对文化的理解这一过程。

图 6-1-7 建构区张贴的新疆建筑——清真寺图片
(图片来自南空小百灵幼儿园)

图 6-1-8 建构区张贴的新疆建筑——晾房图片
(图片来自南空小百灵幼儿园)

与此同时,室内正在开展的活动位于面积最大的区域,该区域被布置成新疆著名的旅游景点——葡萄沟,在挂满果实的葡萄藤下,"游客"享有免费品尝瓜果的优惠。只要买一张"门票"进入葡萄沟,就能进入区角参加活动。扮演导游的幼儿与扮演游客的幼儿,在活动区中往来穿梭,络绎不绝。"导游"身着民族服饰,在区角入口处,一字摆开柜台招揽顾客,"游客"正在仔细了解每个导游提供的优惠条件,以确定跟随哪位导游进入葡萄沟;而"葡萄沟"内"导游"们也正发挥各自所长,施展浑身解数拉拢"游客",区角内一派热闹非凡的景象……

该班级主题活动围绕新疆这一主题,所进行的一系列的区角环境创设,既贯彻了环境创设的整体性、持续性原则,又体现了区角环境的主体性与灵活性。

三、幼儿园墙饰

幼儿园室内墙饰可分为常规墙饰与主题墙饰。常规墙饰包括各类宣传板、区角墙饰、午睡休息室墙饰、走廊墙饰等;主题墙饰是幼儿园活动中与教学内容相关,或以主题为教学内容的各类墙面,包括教室内的主墙饰、副墙饰等。

(一)主题墙的概念

主题墙是主题环境的一部分,是幼儿园在一段时期内围绕主题开展的活动过程的记录,是幼儿与教师共同的劳动成果。主题墙一般安置在活动室入口处的对面,是面积最大的、位置最醒目的墙面,大型主题馆的主题墙饰一般安排在主题馆的正中位置。主题墙往往与主题活动联系在一起,与各区角环境共同建构起幼儿园活动室内的整体环境。当然主题活动馆也有不设主题墙的情况,如"蚯蚓主题活动馆"就没有主题墙。总之,主题墙是否设置依据各幼儿园具体情况决定。

(二)优秀主题墙的特点

作为主题活动环境的一部分,幼儿园优秀主题墙一般具有如下特点。

1. 与教育活动相联系,体现教育性

主题墙不仅具有视觉上的装饰性,更主要的是蕴含教育意义与教育价值。主题墙从主题活动中产生,其内容反映主题活动的进展,是主题活动过程的展示。

2. 直观性

主题墙服务于幼儿,决定其不仅具有教育性,更应具有可视性和直观性的特点。幼儿识字量有限,大量的文字不仅不适合幼儿,且给孩子带来挫败感,幼儿园的主题墙应以幼儿喜闻乐见的图片,幼儿看得懂的图形、能明白的图像,如幼儿耳熟能详的卡通、动画等形象来呈现,使幼儿能一目了然地捕捉到主题墙传递的信息,领悟其内容。

3．参与性

主题墙的设计与制作不是教师一个人的事,而应该是教师与幼儿一起完成的工作。主题墙从设计到制作都离不开幼儿的参与。参与的方式很多,如征询幼儿的意见,让幼儿商量决定用什么方式、采用什么材料制作等。对年龄较小的小班幼儿来说,教师可以将幼儿的美劳作品经过艺术加工处理,作为装饰元素粘贴于主题墙上,体现墙饰服务幼儿的功能。

4．发展性与动态性

主题墙不是一次生成的,也不是生成后就一劳永逸。确切地说,主题墙是在主题活动中产生,与主题发展随行,随主题的发展不断充实完善,在主题活动结束时最终完成,而后整体呈现在人们眼前。为实现主题墙与教学活动的进程同步,主题墙要为后续的活动发展预留空间。所以,在旁人看来,主题墙大多数时候是不完整的,始终处于正在进行、正在发展的状态,给人时时变化的印象(见图6-1-9)。

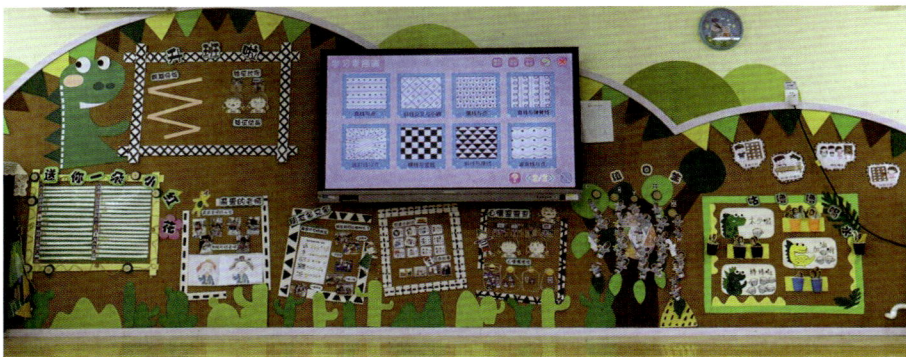

图 6-1-9　主题墙
(图片由武汉经济技术开发区博学幼儿园提供)

5．适宜性

主题环境为幼儿设置,主题墙联系主题环境,从内容到形式要适合幼儿的年龄特征,满足他们的兴趣、爱好,符合幼儿的审美取向。制作完成的主题墙在安置时高度要适宜幼儿欣赏,适宜幼儿参与,方便幼儿动手操作。

(三)主题墙制作的具体步骤

主题墙的制作分为两个部分:第一步,构思,具体内容包括选取内容、构图安排、制作形式及色彩配置的设想安排;第二步,制作。

1．构思

主题名称确定之后,设计者对所制作的主题墙需要有一个整体的设想,包括墙面大致的构图安排、分割的区域、色彩的种类、色调的呈现、所采用的材质以及制作方法等,是墙饰完成前在脑海中的预期设想与安排。构图指设计者将头脑中初步的构思落实在平面上的具体安排,多以草图的形式呈现。内容有:标题的位置、大小,即标题安排在哪儿,写多大合适;所使用的颜色,采用什么字体,如何书写、如何绘制;插图放在什么位置,怎么放,是水平放还是垂直、倾斜等,以此作为下一步具体制作的范本。

2．制作

下面就以主题墙"奇妙的世界"为例,介绍主题墙具体的制作过程。

（1）准备好所需材料和工具：底板、彩色卡纸、双面胶、透明胶、剪刀、直尺等，如图 6-1-10 所示。

图 6-1-10　教师在为主题墙制作准备材料
（图片来自武汉市幼儿教师风采大赛）

（2）在主题框架下，将主题分成不同方向的活动，在底板相应的位置上划分出区域，确定每个区域的面积大小、位置方向，之后或依次完成，或分工协作、齐头并进一起完成。

（3）先将蓝色卡纸裁成条状，作为主题墙边框和区域划分的界线。以红、绿、黄为底板构成三大板块，完成主题墙的大体框架。经过调整，确定后用双面胶固定，呈现出主题墙的大致框架来，如图 6-1-11 和图 6-1-12 所示。

图 6-1-11　老师们正在分工协作完成各部件的制作
（图片来自武汉市幼儿教师风采大赛）

图 6-1-12　老师们正在粘贴部件
（图片来自武汉市幼儿教师风采大赛）

（4）活动进行完一部分后，将活动进行中或完成后收集整理的图片和文字素材，按草图设计，一一摆放于底板上，然后对照草图进行检查，该添加的部件添加，该装饰美化的装饰美化，不断调整，直至达到或接近草图设计所期待的效果。

（5）随着活动的不断深入，主题墙中的各区域将逐步完成，最终构成主题墙的全貌。

（四）常规墙饰的设计与制作

幼儿园除主题墙饰外，还有常规墙饰。常规墙饰大多用于区角、走廊、活动室外等区域。图 6-1-13 和图 6-1-14 所示就是作为区角背景的两个常规墙饰。

图 6-1-13　作为区角背景的常规墙饰一
（图片来自武汉市武昌区南湖江南庭苑幼儿园）

图 6-1-14　作为区角背景的常规墙饰二
（图片来自武汉市青山区第一幼儿园）

1. 常规墙饰的分类

常规墙饰从展现方式上可分为文本型墙饰、图案型墙饰与综合型墙饰三种类型。

1）文本型墙饰

文本型墙饰主要是针对识字的成年人，服务对象有教师、家长及幼儿园其他工作人员等。代表型墙饰有家园互动栏、幼教信息栏以及幼儿园通知、各种规章制度等，如图 6-1-15 所示。

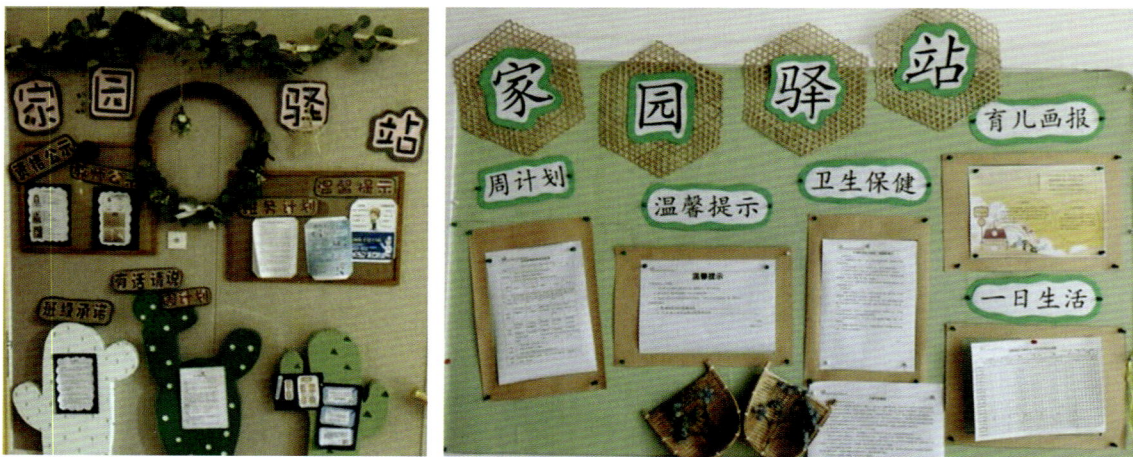

图 6-1-15　幼儿园文本型墙饰示例
（图片由武汉经济技术开发区博学幼儿园提供）

2）图案型墙饰

图案型墙饰以服务幼儿为目的，针对幼儿尚未识字的特点，多采用以图案为主的呈现方式，如图 6-1-16 所示。

3）综合型墙饰

综合型墙饰是指兼具文本型墙饰和图案型墙饰特点的墙面装饰,其最显著的特征是图文并茂、老少皆宜,如图 6-1-17 所示。

图 6-1-16   图案型墙饰——"竹韵"
（图片来自武汉市武昌区南湖江南庭苑幼儿园）

图 6-1-17   童话故事墙
（图片来自武汉经济技术开发区永久幼儿园）

文本型墙饰干净利落、简洁明了;而图案型与综合型墙饰美观亮丽,为吸引幼儿往往重视装饰性与趣味性,深受人们欢迎。综合型墙饰还包括一种特殊形式——玩具墙,它是一种集墙面装饰与幼儿玩具收纳功能于一体的墙饰。玩具墙的出现充分体现了幼儿园环境处处为幼儿着想、环境处处皆教育的理念,如图 6-1-18 所示。

图 6-1-18   玩具墙示例
（图片由武汉市蔡甸区大集幼儿园提供）

2. 常规墙饰的设计制作要点

常规墙饰在幼儿园使用范围较广,在设计制作时需要注意以下问题。

第一,常规墙饰作为幼儿园墙面的一部分,在色彩的使用上应体现室内总体环境的要求,与总体环境色彩相协调,即在大色彩关系上调和,小面积上体现调和中的对比。

第二,常规墙饰的展现方式应尽量丰富,突破单纯的平面粘贴,尽量向立体方向靠近。在制作材料的选择上,避免单一的材质,材料应尽量多样化,如布艺的运用、废旧材料的再利用,鼓励尝试新型材料和新颖的造型,给幼儿带来新鲜感。如图 6-1-19 所示的南湖江南庭苑幼儿园的装饰性墙饰小品与幼儿园自然清新的整体风格相互呼应、相得益彰,而图 6-1-20 所示的武汉市武昌区教育局南湖花园城康乐幼儿园常规墙饰中布艺材料的应用带给幼儿全新的视觉体验,开阔了幼儿的视野,为幼儿打开了一扇运用墙饰材料的窗户。

第三,常规墙饰在幼儿园使用范围较大,为提高制作效率,大多采用固定框架而只变换内容的方式,即制作固定框架,保持框架不变,而内容可随时变化。为此,墙饰的底板一般采用软木或软垫,框架完成后,文本及图片等内容只需用图钉钉上即可,调整方便。

图 6-1-19 南湖江南庭苑幼儿园的墙饰小品

（图片来自武汉市武昌区南湖江南庭苑幼儿园）

图 6-1-20 带有布艺元素的墙饰

（图片来自武汉市武昌区教育局南湖花园城康乐幼儿园）

四、吊饰、悬挂物

吊饰和悬挂物是幼儿园室内环境创设中突破平面造型，进行立体空间装饰的造型手段，是平面造型的补充与升华。

吊饰和悬挂物有购置的，也有自制加工的，无论哪种形式，都是幼儿园环境布置中重要的饰物。幼儿园在喜庆节日、重大活动时总要悬挂一些饰品，以烘托气氛。

通常幼儿园活动室内平面空间有限，老师们就可利用空间悬挂来展示幼儿的作品，或将幼儿的美术、手工作品通过加工，改造成可以悬挂的装饰物，装点室内环境；还有幼儿园将幼儿的毛绒玩具、不易收纳又占据空间的物品等悬挂起来成为吊饰或装饰悬挂物，既免于收藏之累，又让孩子们的废旧玩具以另一种新面貌呈现，实现一物多用，如图 6-1-21 和图 6-1-22 所示。

有的幼儿园结合当地物产，将当地自然风貌融入幼儿园环境中，使幼儿园地域特色更为突出。如南湖江南庭苑幼儿园将江南竹子作为吊饰材料（见图 6-1-23），既与幼儿园"江南庭苑"园名相呼应，又体现当地特色，还彰显了幼儿园环境创设中材料运用的自然性与生态性。

图 6-1-21　用幼儿的美术作品加工成的走廊吊饰
（图片来自武汉市常青阳光幼儿园）

图 6-1-22　利用幼儿园已有玩具制作的玩具挂饰
（图片由武汉市武昌区南湖江南庭苑幼儿园提供）

　　幼儿园吊饰和悬挂物的位置选择不可随意，否则不但会阻碍视线，还会造成视觉空间上的紊乱。对于空间开阔的大厅、活动室，悬挂的物品体积可以大一些；而在空间较为狭小的走廊、楼梯口，则适宜挂小型的悬挂物，如图 6-1-24 和图 6-1-25 所示。

图 6-1-23　以竹子作为吊饰材料
（图片来自南湖江南庭苑幼儿园）

图 6-1-24　活动室内的吊饰
（图片来自武汉市常青阳光幼儿园）

图 6-1-25　走廊及公共活动区的吊饰
（图片来自武汉市常青阳光幼儿园）

　　公共环境如大型集会活动的悬挂物应以制造热烈、庄重气氛为主，色彩应鲜艳亮丽，多使用对比色搭配；而活动室内的悬挂物，则大多与室内环境的总体要求相协调，应该根据不同时期的需要，及时更换或调整悬挂物。

　　总之，无论哪种类型的悬挂物都不能一劳永逸、一成不变，必须定期更换。悬挂物的放置高度应至少高于幼儿三个头长，以不妨碍室内采光和幼儿游戏活动的开展为宜；悬挂物的色彩选择，应与总体环境色彩协调一致。

课后作业（从以下任务中任选其一）

　　1. 以小组为单位，以"我的家乡"为主题，布置一间包括至少四个区角、一个主题墙在内的班级主题环境，表现所在城市文化。

　　要求：小组成员不多于五人；两周内完成。

　　2. 以幼儿园需要出发，设计制作一个半立体的常规墙饰。

　　要求：个人独立完成，并附带 200 字以内的简短说明；4 开纸大小；一周内完成。

第二节　幼儿园大型主题环境的创设

　　随着幼教事业的发展，幼儿园办园目标日益明确，办园理念不断提升，打造具有特色的幼儿园成为幼儿园发展的共识。尤其随着各地区学前教育第二个三年行动计划、《国务院关于当前发展学前教育的若干意见》的颁布，幼儿园教育硬件设施与条件大为改观，利用政府拨款、社会投入改造现有幼儿园环境方兴未艾，幼儿园面貌日新月异，并从中积累了丰富的经验。如为解决班级活动室空间不足，无法提供更多区角让幼儿活动的问题，产生了幼儿园主题馆这类以主题活动为线索，设置公共区域或区角，以不同的活动时间安排不同年龄的幼儿并投放相适应的材料进行活动的形式。

　　主题馆区角与班级区角的区别在于前者规模更大，可容纳更多的人，基本不限定人数；设施更齐全、更先进；可进行混龄游戏活动和全园集体活动。一些幼儿园根据自身需要设置专门的活动馆，满足其特殊需求。如在活动中一些幼儿园发现，可供男孩子们选择的游戏区角太少，让男孩子们感兴趣的活动不多，尤其是肢体动作大的游戏活动不够，男孩子们的需要没有得到尊重，为解决这类问题，幼儿园为男孩子专门设立了木工坊，使男孩在钉、锯、刨、锉、敲中施展他们的才智与创造能力，深受男孩子们的欢迎。

　　一些幼儿园根据当地的人文特点、历史背景，以文化传承为目标设立主题馆，既因地制宜地利用了当地的文化资源，又打造了幼儿园特色，使幼儿园教育内容服水土、形式接地气，树立了自己的名片。

　　主题馆有室内与室外之分，无论哪种都应具有如下特点。

　　第一，适合全园幼儿。作为大型综合性的场馆，应该首先考虑主题馆的使用率，即能满足全园幼儿的活动需要。当然如果幼儿园规模大，不能进行全园幼儿混龄游戏，至少可以开展局部、小范围内的混龄游戏，或同一年龄段不同班级间的混班游戏，以利于幼儿之间的交往。

　　第二，要有完善的配套管理。开展混龄游戏、混班游戏为幼儿园管理带来了挑战，对老师的指导提出了更高要求，在这方面幼儿园要统筹安排，制定规则与要求，狠抓落实，从细节入手，责任到人，以保护幼儿安全，保障活动的顺利开展。

　　第三，要能提供足够的活动材料。大型的主题场馆能同时满足多人活动，除空间要求宽敞外，游戏开展离不开玩具材料的使用，因此玩具材料不仅数量要足，而且要具有层次性，以满足不同年龄阶段、不同能力水平幼儿的需要，让他们在活动区域内都能找到适合自己使用的玩具材料。

　　第四，要有变化、发展的可能性。幼儿园主题馆的主题生成是机动灵活的，所生成的主题也并非一成不变。随着幼儿活动兴趣的降低、新的兴趣点的产生、幼儿活动兴趣的转移，主题应该可以变化。而场馆内的活动区域也将随着主题变化，与新主题有关的区域被添加，相去甚远的区域被删除。故为使主题场馆能始终吸引孩子们，场馆应具有变化与发展的可能。

　　下面将介绍武汉市武昌区南湖江南庭苑幼儿园的蚯蚓主题馆、圣巴巴拉湖畔幼儿园的圣巴巴拉小镇和南湖花园城康乐幼儿园的木工坊，带领大家一起体验大型主题活动场馆的魅力，希望能给大家一定的借鉴。

一、蚯蚓主题馆

　　南湖江南庭苑幼儿园的蚯蚓主题馆是该园孩子们引以为傲的地方，每当有人问孩子们："你们最喜欢幼儿园哪里？"孩子们都大声说："我们的蚯蚓主题馆。""我们的蚯蚓主题馆"，多亲切，孩子就是这样！

　　主题馆的构思来源于绘本——《蚯蚓的秘密》这本深受幼儿喜爱的图书，了解到孩子们的兴趣之后，园长和老师们一合计，既然孩子们这么喜爱，何不建设一个真实的"蚯蚓世界"，让孩子们身临其境地了解蚯蚓的秘密呢？于是他们将园内一斜顶的阳光房改造成了主题馆，利用斜顶开窗的良好采光，营造了一个幼儿主题乐园——蚯蚓馆(见图 6-2-1),深受孩子们欢迎。

图 6-2-1　蚯蚓馆室内全貌
(图片来自武汉市武昌区南湖江南庭苑幼儿园)

主题产生后,最先考虑的是还原故事场景,于是"蚯蚓的家"——饲养区最早确立了。随着蚯蚓故事的展开,蚯蚓本领的展现,大家兴奋不已。那蚯蚓为什么具有这些本领?它是怎样利用自己的本领战胜敌人而勇敢生存的? ⋯⋯带着这类问题,第二个区域——蚯蚓科考站(探究区)落成了。在探究区,幼儿拿着放大镜观察蚯蚓,在显微镜下分析蚯蚓的粪便,寻找答案,如图 6-2-2 至图 6-2-4 所示。

图 6-2-2　饲养区——蚯蚓的家
(图片来自武汉市武昌区南湖江南庭苑幼儿园)

图 6-2-3　探究区——蚯蚓科考站外部环境
(图片来自武汉市武昌区南湖江南庭苑幼儿园)

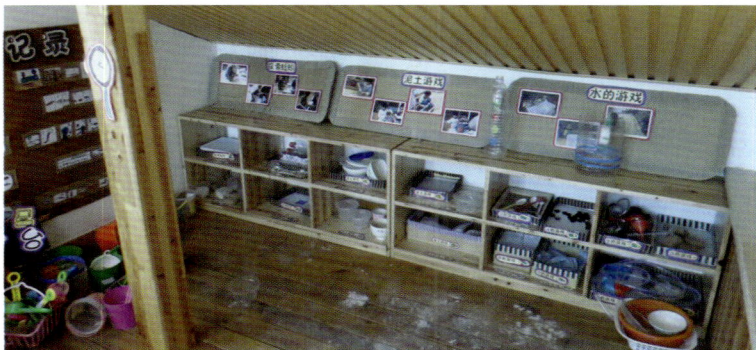

图 6-2-4　蚯蚓科考站内部环境
(图片来自武汉市武昌区南湖江南庭苑幼儿园)

　　长期生活在阴暗潮湿的地下的蚯蚓，为植物松土、输送营养，是庄稼的好伙伴、人类的好朋友，可它长得灰头土脸，实在不好看，怎样提高它的"颜值"，使它更好看一些呢？第三个区角——蚯蚓画室（美劳区）产生了，如图6-2-5所示。在这里，幼儿可以用画笔画出他们心中最美的蚯蚓，也可用橡皮泥、软陶制作出他们最喜欢的蚯蚓模样，用剪纸作品表现他们观察、了解到的蚯蚓知识。

图 6-2-5　美劳区——蚯蚓画室
（图片来自武汉市武昌区南湖江南庭苑幼儿园）

　　随着活动的开展，幼儿对蚯蚓的了解不断深入，他们开始创编"蚯蚓一家"的故事来。幼儿将自己在家庭生活中的经历投射到剧情中；将幼儿园学习生活中的有趣插曲、轶闻趣事带到剧中，演绎成剧情。"蚯蚓剧场"也就顺理成章地一步一步建成了，如图6-2-6和图6-2-7所示。

图 6-2-6　表演区——蚯蚓剧场
（图片来自武汉市武昌区南湖江南庭苑幼儿园）

图 6-2-7　表演区——蚯蚓剧场中幼儿们使用的玩具材料
（图片来自武汉市武昌区南湖江南庭苑幼儿园）

　　随后蚯蚓智慧屋、蚯蚓棋社、蚯蚓材料商店、蚯蚓工地等依次开工，最后形成一个以蚯蚓为主题的综合性活动馆，如图6-2-8至图6-2-10所示。活动过程中孩子们可以一段时间内只去一个固定的区角进行持续的活动；也可以每一次去一个新区域尝试一个新活动。总之，环境为孩子们提供了多种选择，使身处环境中的幼儿有着很大的自由度。教师只在一旁观察，记录孩子们的活动，及时了解幼儿活动情况，把握幼儿活动类型的变化、活动方式的调整、活动兴趣的转移，以便捕捉新的兴趣点，为接下来的活动准备和投放合适的材料。

图 6-2-8　角色扮演区——蚯蚓材料商店
（图片来自武汉市武昌区南湖江南庭苑幼儿园）

图 6-2-9　益智区——蚯蚓智慧屋
（图片来自武汉市武昌区南湖江南庭苑幼儿园）

图 6-2-10　建构区——繁忙凌乱的蚯蚓工地
（图片来自武汉市武昌区南湖江南庭苑幼儿园）

二、圣巴巴拉小镇

圣巴巴拉湖畔幼儿园中的圣巴巴拉小镇是幼儿园环境中最有特色的地方，深受幼儿与家长们的好评。所谓小镇，是由一个个小店铺组成的"社区"，也是一个孩子们熟悉的微型的社会，如图 6-2-11 至图 6-2-13 所示。

图 6-2-11　圣巴巴拉小镇入口
（图片由圣巴巴拉湖畔幼儿园提供）

图 6-2-12　圣巴巴拉小镇中的马路
（图片由圣巴巴拉湖畔幼儿园提供）

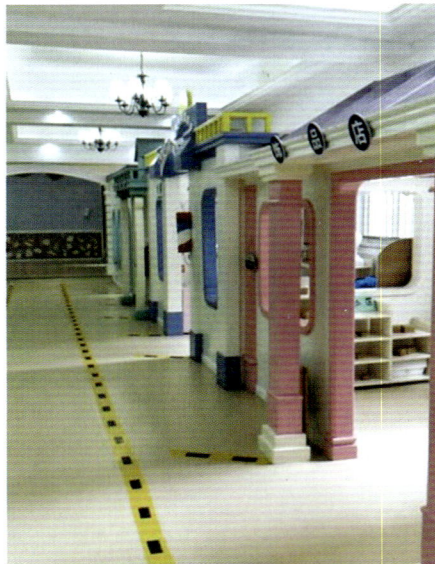

图 6-2-13　圣巴巴拉小镇的店铺
（图片由圣巴巴拉湖畔幼儿园提供）

　　圣巴巴拉小镇位于幼儿园顶楼，小镇模拟真实社会生活场景，以街道为中心，两旁依次安置各种店铺，如超市、医院、警局、快递店、美甲美发店等，并投放相应的材料，形成一个个特色区角（店铺）。在这里，孩子们自由选择自己感兴趣的店铺，进入其中扮演警察、医生、超市老板等，通过角色扮演，体验社会生活。

　　小镇最先由老师和孩子们一起商议后，确定开设生活超市和美甲美发店。大方向确定后，大家开始讨论具体内容，如超市都有什么，如何开超市。通过讨论统一意见后，孩子们沿着这一思路分头行动，他们将从家里收集来的各种空饮料瓶、饼干盒、食用完的食品包装袋、包装盒，进行清理、分类、重新封口后，将物品摆放到货架上，超市就这样开业了（见图 6-2-14）。

图 6-2-14　圣巴巴拉小镇的超市
（图片由圣巴巴拉湖畔幼儿园提供）

　　美甲美发店是爱美女童们提议创设的，店铺一分为二，一半提供美甲服务，另一半是烫发、染发的美发店。店内的工具设备也基本是孩子们自己从家里带来的，看得出孩子们对店铺非常熟悉，对工具驾轻就熟，在此游戏，孩子们不亦乐乎（见图 6-2-15）。

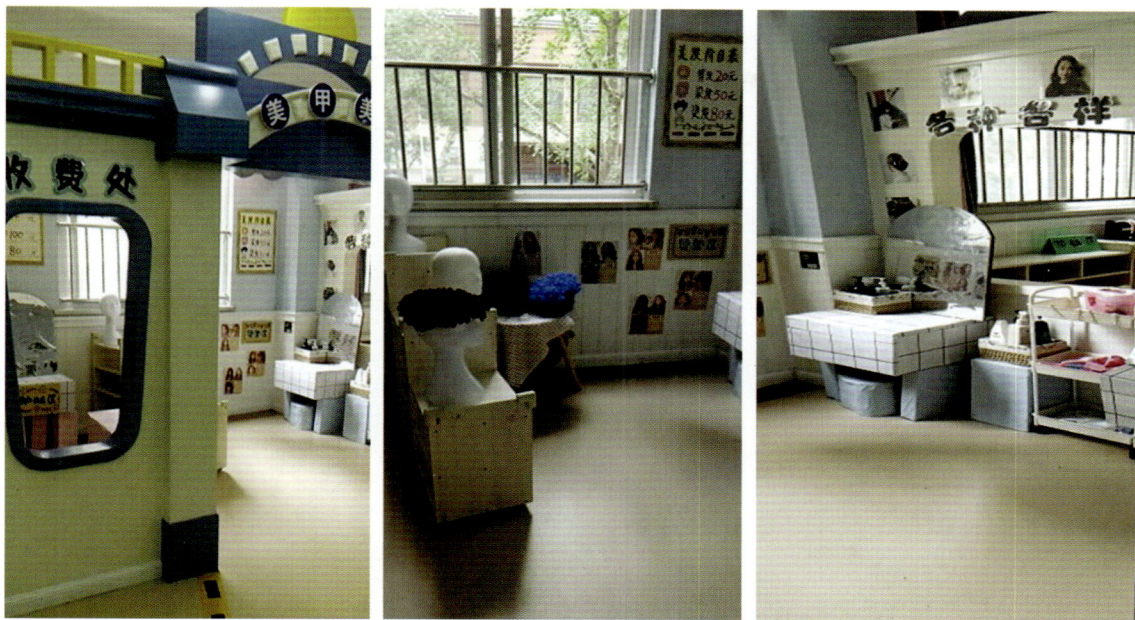

图 6-2-15　圣巴巴拉小镇的美甲美发店

（图片由圣巴巴拉湖畔幼儿园提供）

近年来中医养生在社会上逐渐流行，为孩子们打开了一扇了解中医文化的窗口。顺应潮流，圣巴巴拉小镇为孩子们设置了一个中医院，里面安置了简单的中医设施，提供包括拔罐、刮痧、按摩等医疗服务，孩子们身着白大褂，手拿器械，为他们的"病人"开展诊疗服务（见图 6-2-16）。

店铺越开越多，维持治安怎么办？于是警察局就这样在大家的呼吁中产生设立。这里不仅有接警电话、警服、警棍，还有出警对讲机等，是最受男孩子们追捧的区角，要进入警察局游戏得提前预约才行（见图 6-2-17）。

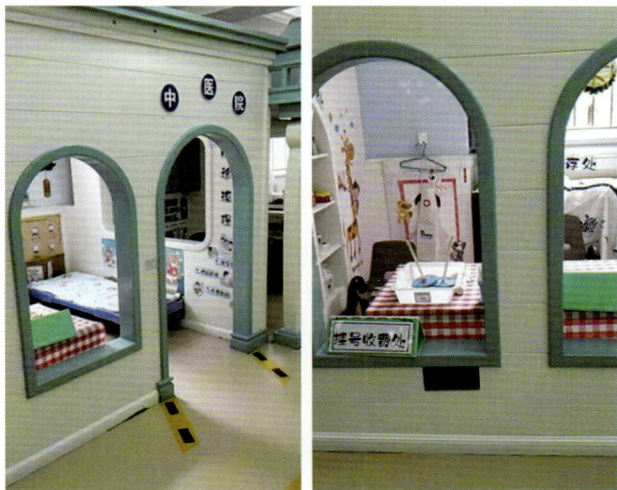

图 6-2-16　圣巴巴拉小镇的中医院

（图片由圣巴巴拉湖畔幼儿园提供）

图 6-2-17　圣巴巴拉小镇的警察局

（图片由圣巴巴拉湖畔幼儿园提供）

此外，小镇还设有快递点、设计工作室和育婴房（见图 6-2-18 和图 6-2-19）。所有店铺的设置都来自幼儿们熟悉的生活，内部环境的布置从孩子们的经验出发投入相应设施，让进入小镇的所有孩子都能找到自己喜欢的游戏场所，在游戏中体验角色扮演的乐趣，在快乐中健康成长。

图 6-2-18　圣巴巴拉小镇的快递驿站和取件窗口
（图片由圣巴巴拉湖畔幼儿园提供）

图 6-2-19　圣巴巴拉小镇的育婴房和设计室
（图片由圣巴巴拉湖畔幼儿园提供）

三、木工坊

　　南方一年当中总有一些日子连续下雨，致使男孩子们热衷的户外活动难以开展，男孩子们活动的愿望无法满足，旺盛的精力无法释放，于是老师们想到，何不为他们设置一个木工坊，满足一下他们的需要呢？想到了于是就行动开来，木工坊，一个男孩子的活动馆就这样建成了，如图 6-2-20 所示。木工坊位于室外一个有三层台阶的三面通透的木屋内，中间是可容纳十几个孩子同时操作的大型的工作台，工作台两头是半通透的栅栏围成的墙壁，中间贴满了各种工具的使用方法示意图，两旁悬挂有工作服，孩子们可以在老师不在的情况下根据图示自己学习掌握工具的使用方法，在墙壁最显眼的位置还有操作注意事项提示。工作台正对面是一个大的木质墙面，上面一应俱全，挂满了各种常用工具，每种工具均有大小区别，如图 6-2-21 至图 6-2-24 所示。

图 6-2-20　木工坊全貌
（图片来自武汉市武昌区教育局南湖花园城康乐幼儿园）

图 6-2-21　木工坊活动规则
（图片来自武汉市武昌区教育局南湖花园城康乐幼儿园）

　　在这里，大孩子可以直接操作，年龄小一点的孩子可以打下手，既参与了活动，又可以向高年级的幼儿学习。就这样，木工坊成为男孩子们自我学习、自我成长的阵地，吸引不同年龄的幼儿进入。随着活动

图 6-2-22　木工坊工具
（图片来自武汉市武昌区教育局南湖花园城康乐幼儿园）

图 6-2-23　木工坊产品制作流程图
（图片来自武汉市武昌区教育局南湖花园城康乐幼儿园）

图 6-2-24　木工坊工具使用说明
（图片来自武汉市武昌区教育局南湖花园城康乐幼儿园）

的开展，女孩子们被吸引进来的情况时有发生，最后这个最初为男孩所设的馆所受到了全园幼儿的欢迎，成为全园幼儿的快乐天地。

　　这三所幼儿园，无论是主题馆、小镇还是木工坊，在环境的创设上始终将幼儿的需要摆在首位，以幼儿的兴趣为依据，使环境成为幼儿主动探索、自主学习的摇篮，幼儿自我成长的沃土。三所幼儿园在环境的创设中，独辟蹊径，找到了自己的发展道路，打造出了自身特色。

课后作业（从以下内容任选其一完成）

1. 以小组为单位,用调查或访谈的形式,了解一个幼儿园班级男孩子的兴趣需要,以此为依据在幼儿园大班活动室内为男孩子设计一个他们感兴趣的活动区角。

要求:小组人数三人以内;区角环境包括墙饰、玩具材料。

2. 以小组为单位,用图文并茂的形式制订一个幼儿园主题馆的方案。

要求:有主题来源,生成步骤,区角数量、类型及所投放的材料说明等;方案文字不少于 2 500 字,文本用 A4 纸打印;小组人数在五人以内。

第七章

临时活动环境的创设

【主要内容】

本章分为两部分：第一部分介绍一般性临时活动环境的创设；第二部分以户外为重点，介绍大型临时活动环境的创设。

【学习目标】

通过学习，了解幼儿园临时活动环境创设的目的和作用，认识构成幼儿园临时活动环境的主要内容，以及创设幼儿园临时活动环境的一般方法，为今后幼儿园各种临时活动的开展服务。

临时活动环境是指为满足临时活动的需要，或为临时活动的开展而创设布置的幼儿园环境。相对固定环境而言，它更具灵活性，具有即时性需要、短时间内使用等特点。临时活动环境的创设包括幼儿园内的各种节日、庆祝活动，户内外游戏、比赛场地的布置；室内展览、展示以及演出、表演环境的设置等。

临时活动环境的创设体现了教师教育意识、教育思想、教育技能，考验教师是否善于从平凡的工作与生活中，从幼儿的活动、兴趣与需要出发捕捉教育契机，把握教育资源。临时活动环境能促进幼儿自主自愿地参与活动，实现教育目标。

临时活动环境是幼儿园环境创设不可回避的部分，因此有必要在园所基础建设时为临时环境的创设配备必要条件，做好基础的铺垫。如：在户外环境的绿化中，在操场四周、人行通道两侧的绿化带内，等距离种植乔木，既能在今后为幼儿户外活动遮阳挡雨，也可以为大型活动牵绳挂物、分隔区域提供方便；在室内走廊、教室天花板及四周墙壁埋置木质横条，为在顶棚悬挂吊饰、墙上制作墙饰装饰墙壁做准备；为布置展览、展示，幼儿园要配备足够数量的活动展架、展台。

临时活动环境中的器械、材料的选择，应遵循以下原则：方便轻巧，便于安装；易于收藏；经济合理，结实耐用，安全环保。

幼儿园举办大型活动通常面临人力紧张、人手不足等问题，故设施、设备应尽量轻便灵巧，使大多数女教师能抬得起、搬得动；此外，临时活动环境的性质决定器械的使用率不比固定器械，需要具有使用时易于安装、用完后方便收纳等特点；从长远来看，结实耐用的物品虽然一次性投入略高一些，但可以重复使用，仍经济划算。

幼儿园临时活动环境大致有两类，一是一般性临时活动环境，二是大型（节日性）临时活动环境。

第一节　一般性临时活动环境的布置

一、临时活动环境的生成

幼儿园教师工作要求教师要关注幼儿的需要，善于抓住教育契机，创设幼儿感兴趣的环境，使幼儿在环境中自主发现、主动学习。下面的例子很好地体现了以上目标。

2012年10月，两位挪威学前教育专业专家来武汉进行短期教育考察，武昌区华锦新乐思幼儿园是他们考察的对象之一。为迎接外国同行的到来，幼儿园从上到下进行了充分的准备，包括对全园幼儿进行宣传动员，还专门为此制作了欢迎条幅，努力营造了一个欢迎氛围，如图7-1-1所示。

图 7-1-1　为迎接挪威专家制作的欢迎条幅
（图片来自武昌区华锦新乐思幼儿园）

在准备过程中，老师们发现孩子们对两位外国专家的到来异常兴奋，不断有孩子问：挪威在哪儿？离我们远吗？挪威人都长什么样？他们吃什么？……围绕这些问题，老师们干脆行动起来，他们在幼儿园入口最显眼处布置了一块以挪威为主题的文化墙，以图片展的形式，从衣食住行等孩子们感兴趣的几个方面介绍了挪威这个国家。在主题墙图片上方配有文字说明，以帮助家长为孩子解读图片内容，如图7-1-2所示。

图 7-1-2　幼儿园为小朋友布置的临时环境——挪威文化墙
（图片来自武昌区华锦新乐思幼儿园）

图片展满足了孩子们的好奇心,也提供了一个让孩子了解世界的机会。

该临时环境创设的最大特点是新颖及时,贴近幼儿。

(1)该临时环境的主题是在幼儿园偶发事件中萌生,被教师抓住并有意发掘出来,体现了幼儿的主体性,尊重了幼儿的兴趣,满足了幼儿的需要。

(2)展览有意设置在幼儿园入口处,体现了环境创设面向幼儿园全体幼儿的整体性原则;在不影响幼儿园正常教学活动开展的情况下,也为个别班级延续该主题留下了空间。此外,站在家长的角度,考虑到家长与幼儿互动的需要,图片上方均配有文字说明,以利于家长为孩子详细解读,为家长的参与提供了便利。

(3)以图片展介绍一个国家相比文字形式更直观,更具生动性,更具有吸引力,更符合幼儿的认知特点。

(4)所选内容经过了精心的挑选,力求知识面的宽度,摒弃领域内知识点的深度,符合幼儿年龄特点,抓住了幼儿的兴趣。以贴近幼儿生活的衣、食、住、行为主要内容,联系了幼儿已有生活经验,又能使幼儿通过与已有经验的比较发现不同国家人民在生活习惯、文化上的差异,实现了了解异域文化的目的。同时兼顾了不同兴趣幼儿的需要,如图片中就有男孩子们在游戏中经常扮演的角色——海上冒险家——独眼的维京人海盗的介绍等,满足了男孩子们的兴趣和需要。

二、展览室的布置

展览室的布置无论是室内还是室外,基本有平面、平面与立体相结合两种形式。平面形式即以图片,如照片、奖状、绘画作品等单纯的平面视觉形态的方式呈现的展览;平面与立体结合式即展览内容既有平面视觉形态又有立体实物,以两者相结合的形态呈现的展览。

幼儿园展览基本分为两类:一类是幼儿作业及艺术(美术、手工)作品的展示,另一类是园所历史及荣誉陈列。第一类以幼儿园画展的布置为例加以介绍,第二类以幼儿园荣誉室的布置为例介绍。

1. 画展的布置

首先需要强调的是,只要不是竞赛类的展览和成绩汇报展,原则上幼儿园画展应该为每个幼儿提供均等的作品展示的机会,体现教育公平原则。这种展示对孩子来说不仅是一种难得的学习与交流机会,也是一种特殊的鼓励,对提高幼儿的学习兴趣具有不可估量的作用。同时,教师要知道只要是艺术作品就有好坏优劣之分,不进行遴选势必会影响整个展览的质量和展出的效果。为保证展览的质量,又实现上述目的,满足以上要求,有必要对展览进行有意布置,具体操作步骤如下所述。

第一,布置展览前教师首先要了解画展的性质、展览的目的,其次要了解展出作品的数量,最后将作品按类别、风格分类,同一类作品放一起,风格相近的放一起。从中选出优秀、良好、一般、欠佳四类,其中的优秀作品另放。

第二,根据幼儿的作品数量,确定展览规模、展出地点。

展出地点有室内和室外两种,室内受空间限制,往往不大,但不受天气限制,可举办长时间展览;与此相反,室外空间宽裕很多,展览的规模往往更大,但受天气影响较大,不适合长时间的展览。

第三,确定完展出地点是室内还是室外后,接下来考虑展出的方式。画展展出方式有悬挂式和展板式两种,它们均可用于室内和室外。悬挂式大多用于室外展览,利用户外树木牵挂绳索,在绳索上悬挂作品,它是一种展出作品量大、时间短、简便、快速的布展方式。展板式就是将幼儿的美术作品粘贴于一块一块的展板之上,然后将展板依次摆放于展区进行展示,是展区空间较为充裕时较为正式的展览首选的展出方式。

第四,根据展出方式确定下一步具体工作,包括确定悬挂式展览所使用的绳索长度、展出作品的悬挂层次,展板式展览所需要的展板、每块展板大致展出的作品数量;然后在展览区将绳索牵好,或依次将展板排好。

第五，为保证画展的效果与质量，有必要先确定重点展区和展板。一般来说，重要的位置安置重点展区或展板，布置质量上乘的作品，中间、一般和欠佳的作品安置在靠边、不显眼的位置上。重点展区展板的数量根据展览规模而定，规模大，重点展区展板数量可多一些；规模小，则可适当少一点，但至少应有前、后、中三区域。重点展区展板与非重点区非重点板间隔摆放。

一般来说，首尾处（开始处和结尾处）是重点区，安置重点板，摆放质量高的作品。因为开始处摆放的作品欠佳会使参观者失去往下继续观赏的兴趣，从而转身离开；而结尾处作品更需慎重，因为从遗忘的角度来说时间越近，记忆越深，无论前面的展览效果如何，如果结尾处作品不够上乘，往往会给人整个展览效果不佳的印象。另外，中间部分也要间隔安排几个重点区，布置几个上乘的展板，制造几个高潮，通过高潮使观赏者的兴趣在疲惫中被不断地调动起来，使观赏过程不断延续，直至结束，避免给人留下首尾两头重、中间轻的印象。

此外，同一类别风格、同一主题作品也要间隔摆放。俗话说，不怕不识货，就怕货比货，同一类别风格、同一主题作品放置在一起容易引导人们对作品进行横向比较，评出高低，这有违儿童画展的初衷。儿童的艺术作品与成人有很大区别，非专业人员很难给予正确的评价，而一旦这种评价对幼儿有失公平或被幼儿听见，则会带来不良影响，打击幼儿学习的积极性。

第六，就某个区域或单个展板而言，作品位置的摆放也要遵循"让质量上乘的作品占据优质位置"的原则。以三层悬挂式为例，一般来说，上、中层的位置好于下层；而展板式以视平线为中心，通常视平线以上的位置优于视平线以下，越靠近中心越好，越远越次。

第七，先不固定，将作品摆放于悬挂绳、展板下相应位置，然后纵览全局，进行适当调整，经过再三审视之后，确定没有大的问题后，再依次将作品固定在绳索或展板上，直至全部完成。

布展时需要注意以下事项。

（1）画展由前言、展品、后记三部分组成，前言一般位于展览开始部分即前部，主要介绍本次展览的目的、展览的举办方式及参与对象等。展览的末尾是后记，是对本次展览所做出的总结，以及对参展者的寄语与希望。前言最好请有声望的人士撰写，后记可以是举办方所写，还可以留言板的形式让参观者留下参观后的感想，以留言为后记，使展览首尾呼应，连成整体。

（2）作品高度应考虑幼儿的观赏习惯，展览高度应在 80 厘米至一米二，不能太高也不能太矮，以利于幼儿观赏。

画展有关图例如图 7-1-3 至图 7-1-9 所示。

图 7-1-3　木格棱墙上的画展
（图片由武汉常青童梦幼儿园提供）

图 7-1-4　卷轴式画展
（图片由武汉常青童梦幼儿园提供）

图 7-1-5　用 KT 板制成的展览板一

（图片来自武汉市常青阳光幼儿园）

图 7-1-6　用 KT 板制成的展览板二

（图片来自武汉市常青阳光幼儿园）

图 7-1-7　网格展示架

（图片由湖北省省直机关第一幼儿园提供）

图 7-1-8　利用室内墙壁布置的儿童画展

（图片来自武汉市洪山区海丽达南湖山庄双语幼儿园）

图 7-1-9　幼儿美术作品展示架

（图片来自武汉经济技术开发区永久幼儿园）

2. 园史馆与荣誉室的布置

　　荣誉室相对于画展，规模小得多，但布置要求要高得多。与画展所不同的是，荣誉室展出的展品、奖状，既有平面的，又有立体的，采用综合型的展示最合适。如中间部分安置立体展区，展示奖杯、奖牌、展品；四周墙壁粘贴图片、文字介绍以及奖状等平面资料。与画展一样，级别越高、越重要的奖状、奖品越要安置在关键的位置，如大厅中央、进门正对面的墙壁上（见图 7-1-10）等，且需集中放置。其次，展厅的光线要好，尤其是有文字介绍的墙面，最好有投影灯补充光源，以利于参观者参观了解（见图 7-1-11 和图 7-1-12）。

图 7-1-10　幼儿园荣誉室的正面

（图片来自武汉市实验幼儿园）

图 7-1-11　幼儿园荣誉室的右侧墙壁
（图片来自武汉市实验幼儿园）

图 7-1-12　幼儿园荣誉室的左侧墙壁
（图片来自武汉市实验幼儿园）

　　武汉市实验幼儿园的荣誉室在豆绿色为基调的环境中运用立体加平面的综合型展示方式,布置了一个清新典雅的环境,柔和的色彩搭配很容易使人静下心来驻足观赏。荣誉室怡情雅致的格调,给人留下了深刻印象。

三、节日表演舞台的搭建

　　幼儿园节日活动常离不开文艺表演,有表演就少不了舞台,舞台的搭建是幼儿园临时环境创设中的一个薄弱环节。幼儿园舞台的布置一般从高度和色彩两点入手。幼儿园舞台不同于正规的表演场所的舞台,为安全起见,高度不宜太高,室内一般为三四级台阶,室外为一二级台阶。室内有帷幕式、帘式,室外多为穹隆式和毯式等,不管哪种,舞台布置最关键的是颜色的选择,应从以下几方面考虑:舞台上谁是主角,怎样突出主角。

　　舞台上演出者是当仁不让的主角,为使主角——演出者的服装颜色能够凸显出来,舞台颜色应看作是背景色和陪衬色。在选择时不宜选择明度、纯度高的色彩,而应将鲜艳明亮的色彩让于表演者;只有当背景色、陪衬色被限制在合适的范围内,如明度、纯度中等的灰色系颜色,才能为主体色留下更大、更多的选择空间,提供更宽的选择范围。

【思考】

幼儿园六一庆祝活动经常有搭建舞台的需要,为什么很少见用红色布置的舞台?

　　中国人对红色情有独钟,但红色在使用时确实有很多不便,由于纯度过高,在大面积使用时,许多种颜色放进去都会被其对比下去,成为它的配角。于是采取变通的办法。如减小使用面积,只用于局部区域,如大型集会,从大门口到主会场,用条状的红色地毯铺地,体现主人的欢迎热情;结婚典礼的正中心位置,突出仪式主角,一般不满铺整个会场。还可用替换的方式,即用明度、纯度稍低的枣红、铁锈红替换大红或中国红。除此之外,中国人在色彩使用上有文化传统上的禁忌,如大红与黑色不是特殊场合不用。

　　总体来说,整个舞台颜色要有完整的设计,有整体色调的呈现,为此颜色的使用应以调和关系为主,尽量统一,色彩种类不宜过多,以免喧宾夺主。舞台布置除应配置必要的音响设施外,室内舞台,为使舞台上的演出能够让台下的观众看得更清楚,有条件的话,还需配置舞台灯光。

课后作业

用身边的废旧材料,设计制作一种幼儿园布置画展所使用的展架,运用所学布展方法,用 3～5 个展架为自己或所在小组举办一个小型的绘画作业展览。

作业要求：就地取材，材料的使用与加工成本低；所设计的展架要具有实用性或推广价值。

第二节　节日临时环境的创设

幼儿园总会有一些特殊且让孩子们难忘的日子，如六一儿童节，毕业会餐等，为这样的日子布置专门的环境显得尤为重要，这就是幼儿园节日临时环境（见图7-2-1和图7-2-2）。

图 7-2-1　六一儿童节欢乐汇
（图片由圣巴巴拉湖畔幼儿园提供）

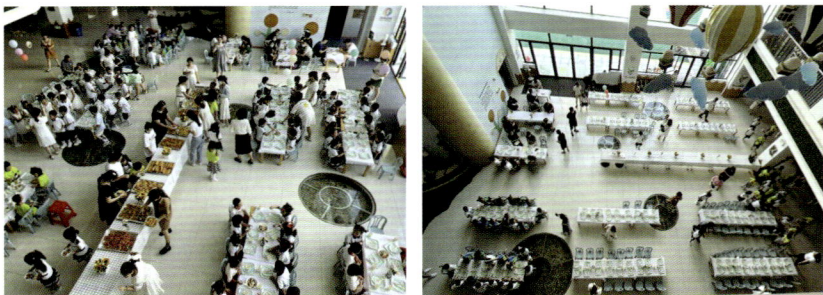

图 7-2-2　幼儿园毕业聚餐
（图片由武汉经济技术开发区永久幼儿园提供）

节日临时环境创设的目的是营造节日的氛围，使幼儿感受、了解蕴含在节日中的历史文化，丰富他们的感性经验。优秀传统文化需要承载，而节日便是承载传统文化的最有生命力的载体，让幼儿在节日中感受文化，既是对文化的一种教育，更是一种传承。在此不必有中国传统文化、异域文化等过多的区分，对幼儿来说跨越幅度越大，营养越全面，文化类型越丰富越具教育价值。幼儿园教师应该牢牢抓住节日环境的创设，对幼儿进行优秀传统文化的熏陶，使幼儿在领略异域文化中增强民族认同感，促进民族团结与融合。

一、室内节日环境创设

结合节日的性质、内容在墙壁上采用图片加文字的方式介绍、宣传节日；在天花板、墙壁及玻璃窗上进行必要的装饰美化。尤其要强调的是，节日室内的环境营造要与区角环境的布置联系起来，用营造出的节日氛围,吸引幼儿前往区角参与与节日有关的区角活动,如图 7-2-3 和图 7-2-4 所示。

图 7-2-3　中国传统节日——端午节
(图片由武汉城市职业学院学前 2112 班提供)

图 7-2-4　中国传统节日——春节
(图片由武汉城市职业学院学前 2112 班提供)

如端午节的室内环境的创设,围绕端午节的民俗活动,挖掘具有幼儿园教育价值的资源,通过材料的投放、氛围营造,吸引幼儿开展活动,将资源演变成游戏、学习的环境,实现在环境中教育的目的。如在阅读区投放图片、书籍,让孩子们了解端午节的来历、习俗,为角色游戏积累感性经验;将香包、香囊、绿豆糕的设计与制作安置在美劳区;将雄黄酒的制作安置在科学探究区;将包粽子、吃粽子安置在娃娃家;将端午节特色食品的买卖放置在角色扮演区,使端午节区角活动生产出的产品成为幼儿从认识、感受,到操作、体验,直至运用的一顿文化饕餮大餐,这对继承传统、宣扬民族文化有深远意义。

二、室外节日环境创设

圣诞节是西方传统节日,对幼儿来说也是一个了解西方传统文化的有利契机,幼儿通过亲手布置圣诞树,互送礼物,了解圣诞节的来历,丰富他们的情感体验,感受异域文化的魅力。让我们一起走进武汉东湖新技术开发区关山春晓幼儿园(简称"关山春晓幼儿园"),看看他们是如何做到的。

幼儿园从整体来看,半通透式的园墙,顶部仅用气球连成的彩色条带,沿整个幼儿园装饰一圈,一直延续到弧形的幼儿园门楣上以及一楼的门窗上,使幼儿园顿时充满了节日气息。

在大门口处,金灿灿的装饰布将四根门柱包裹,上面扎上了大大的红色蝴蝶结,与气球装饰的弧形门楣交相呼应,圣诞气息扑面而来。与红色蝴蝶结交相呼应的是从园门入口一直铺至大厅门口的红色地毯,表达出主人们最热情的欢迎(见图 7-2-5)。

图 7-2-5　幼儿园门厅
(图片来自武汉东湖新技术开发区关山春晓幼儿园)

　　走入园区，引人注目的是运动场上的舞台。舞台并不大，且只有一步台阶的高度，与门柱一样，通体采用金色装饰布包裹。老师将平日里孩子们玩耍的室内塑胶玩具屋，原封不动地搬到室外的舞台上，别具匠心地将白棉花铺在玩具屋顶上，一个充满诗意的童话般的舞台呈现在大家面前。几位身着红色棉袍的圣诞老人的扮演者——老师在舞台上载歌载舞（见图7-2-6）。

图7-2-6　老师们在舞台上表演
（图片来自武汉东湖新技术开发区关山春晓幼儿园）

　　舞台对面是为本次活动留下的最大面积的主会场，此时活动场上已有不少孩子在老师的带领下围着圆圈做游戏（见图7-2-7）。活动场的背面有一群孩子和家长对着一辆车在交头接耳地谈着什么，走近一看，原来平日幼儿园用来采购蔬菜的三轮车，竟被老师们用彩色泡沫板包装改造成了一辆圣诞雪橇车（见图7-2-8）。

图7-2-7　老师们正带领孩子们做游戏
（图片来自武汉东湖新技术开发区关山春晓幼儿园）

图7-2-8　临时环境中的装饰道具——雪橇
（图片来自武汉东湖新技术开发区关山春晓幼儿园）

【小结】

　　总之，节日临时环境的创设，需要教师平时的积累与历练。关注幼儿的生活，把握他们的兴趣，因地制宜地创设有趣味、有新意的幼儿园临时环境，体现了学前教育从业者对幼儿的关爱，彰显了教师的教育能力与素质。

【思考】

　　关山春晓幼儿园整个节日户外环境布置有何特点？

　　（1）色彩运用主次分明，文化符号典型突出。西方文化中圣诞节的符号性色彩是代表圣诞树的绿色、圣诞老人的红色和教堂铜钟的金色，整个环境选取其中的金色和红色作为主打色，突出体现。因此，在入园处的门柱上用金色作底，红色蝴蝶结装饰；园内舞台更是用金色铺就，老师们穿着圣诞老人红袍在台上表演;而绿色圣诞树、幼儿与家长服饰等其他色彩成为补充和点缀,使整个户外环境的颜色主次分明,相得益彰。

(2)就地取材,经济实惠。节日环境营造的是节日的氛围,因为是临时性的需要,所以没必要追求华丽、奢侈,而以方便快捷为目标,就地取材是首选。幼儿园充分利用现有物品,加上教师独具匠心的设计改造,旧物新用,使物品旧貌换新颜。此外,整个环境所使用的材料除彩色气球外,几乎全部可重复利用,如金黄色的装饰布、红色的地毯等,尽可能地减少一次性材料的消耗,降低了成本。

(3)营造节日氛围,彰显教育特色。整个活动除了带给孩子们快乐外,显然举办者还有其他小打算。号称与国际接轨的关山春晓幼儿园是不会浪费这样一次难得的对外宣传的好机会的,活动期间只要是小区的居民,都受到邀请,可随意进入。为争取潜在的客户,所有进入现场的0~3岁的小朋友都会获得一份小礼物,因此整个会场摩肩接踵,热闹非凡。而幼儿园选择圣诞化装舞会,不仅与该园与国际接轨的办园理念吻合,也体现其对西方文化的重视。如图7-2-6中我们可以看到,舞台上扮演圣诞老人的年轻教师中就有金发碧眼的外籍教师,他们在用一种最直观的形式宣传幼儿园的国际化教育特点,彰显自己的特色。幼儿园用开放性的活动,既服务社区居民,又宣传了幼儿园,为招生宣传埋下伏笔,可谓一箭双雕,别具匠心。

综上所述,在幼儿园环境创设中,我们不仅要重视临时环境的教育作用,更要善于挖掘其潜在的教育价值,让环境为幼儿的发展服务,为幼儿的健康成长发挥作用。这些需要教师不懈的努力和孜孜不倦的探索与创新。

课后作业

以一个中国传统节日为主题,如端午节、中秋节,为幼儿园设计全园的亲子开放日活动,并为此设置配套的环境。请写出活动方案,并绘出环境设置示意图。

作业提示:

(1)与实习基地幼儿园商议、讨论后,全班拿出总设计,以寝室为单位,结合游戏课程专业知识,按年龄设计游戏活动及环境布置方案,并根据游戏方案拿出实施配套环境的设置及具体步骤,最后汇总形成整个幼儿园亲子开放日的游戏环境。

(2)先设计游戏,再设计环境。

(3)内容要求包括实施方案及步骤,整个活动的游戏数量、种类、名称、玩法、要求、位置安排及配套的环境,环境布置的任务分工及负责人、任务完成的最终时间等。

第八章

幼儿园软环境的创设

【主要内容】

本章共分三部分:第一部分介绍幼儿园园所文化与办园特色;第二部分介绍幼儿园人际关系环境;第三部分介绍幼儿园社会影响与教育品牌的树立。

【学习目标】

通过学习,了解幼儿园软环境的具体内容,理解构成幼儿园软环境各部分之间的内在联系,提高对软环境创设的重视程度,掌握软环境创设的基本规律,有的放矢地运用于今后的工作中,指导工作实践。

幼儿园软环境是指相对于建筑物、场地、设施等具有实体性质特征的环境而言的,隐藏在其背后看不清、摸不着又确实存在的环境,如大众口耳相传的声誉、口碑、评价、社会影响力等。它是整个幼儿园环境的重要组成部分,也是实现幼儿园教育目的、落实教育内容、完成教育任务的手段和方法。

从长远看,随着国家经济的不断发展,城乡一体化建设逐步完善,我国幼儿园硬件条件正在快速改善,下一步幼儿园向更深层次发展,必将落实到软环境的创设上来。创设有利于培养幼儿健康的心理、健全的人格、良好的个性品质及可持续发展的学习能力的软环境是今后幼儿园发展的重要任务。

幼儿园软环境的创设可以从以下几方面入手:幼儿园园所文化与特色、办园理念与教育方法、人际关系与氛围、教育品牌与社会影响。

第一节　园所文化与特色

一、园所文化

幼儿园园所文化包括幼儿园物质文化(物质环境)、制度文化(园纪、园规)、精神文化(价值观、风俗习惯),是幼儿园在长期办园过程中形成的特有价值观,以及承载这些价值观的行为模式;是幼儿园文化的内涵,处在意识的最深层,也是幼儿园文化建设的关键。幼儿园园所文化的核心是凝聚在制度、行为模式之下的精神文化的培育。全体教职工应发自内心地认同并始终秉持先进的教育价值观,并且自觉主动地将其落实到幼儿园日常工作、教育教学以及与孩子接触的言行举止中。

(一)现阶段园所文化建设存在的问题

目前,幼儿园在园所文化建设中存在的问题概括起来有三个方面。

1. 对园所文化认识偏颇,内涵把握不足

将园所文化降低为园所文艺,以组织开展文艺表演、比赛作为园所文化,以文艺活动开展的次数和频率作为衡量的标准和考核的尺度,把比赛所获的成绩和荣誉当作园所文化建设成就宣传。

2. 重外部形象,轻内部质量

受市场经济的影响,不少幼儿园将园所文化建设重心放在幼儿园对外展示上,不惜花大量的金钱用于幼儿园外部绿化、内部装修、幼儿园标识设计、幼儿园园服等方面。却不知幼儿园形象再美、环境再好,不注重教师的教育能力的培养,先进的教育理念、正确的教育价值观的树立,将只会是"绣花枕头"外面光。

还有幼儿园将园所文化简单理解为幼儿园规章制度、幼儿园标语口号,以为幼儿园规章制度制定得越多、越细就越好,却不考虑制定这些规章制度的目的是什么,是为解决什么问题,所制定的规章制度执行起来的可能性有多大,该怎样执行这些制度,执行中可采取哪些奖励措施,会取得哪些成果,还存在哪些问题,等等,导致很多规章制度得不到执行。

不少人以为,幼儿园的标语口号越标新立异,越打动人,就越能体现园所文化品位,殊不知幼儿园标语再动人,也仅仅是标语口号,并不一定能内化为教师的教育行为。

3. 将园所文化与幼儿园教育割裂

尤为严重的是,有幼儿园领导者认为幼儿园园所文化与管理是互不相关的轨迹,并不是教育、教学管理的整体,需要单独建设。却不知幼儿园园所文化的核心是教师教育观念与教育行为模式的确立,对幼儿教师而言,脱离了幼儿园教育教学的园所文化,其教育观念和行为将很难确立。

总之,幼儿园园所文化建设的本质在于精神文化的培育,是幼儿园的一项长期工作。一个优质幼儿园不可能一蹴而就,它必定是经过多年的累积、不断的探索,在实践中优胜劣汰、去伪存真,逐渐壮大起来的。房子易建,标语好写,外形好塑,制度好定,可改变人的观念和行为不易,更不可急功近利。

(二)园所文化建设的几个关键

对幼儿园来说,如何营造富有特色的园所文化,没有一致统一的方法,有的只是方向,只有立足于自身条件,把握自身特点与优势,因地制宜,才能创设好独具特色的园所文化。

而特色的范围很广,可以是环境、教学条件,也可以是教育理念、管理手段、人际关系氛围等,创设一个有特色的幼儿园必须抓住"人无我有",朝着"人有我优"的方向,努力实现"人优我强"的目标。具体来说,可以从以下几方面着手。

1. 保留自然、人文景观中具有文化历史价值的载体

幼儿园景观中最具人文、历史性的不外乎植被与建筑。谈到教育,人们自然会联想到"十年树木,百年树人"这句名言。幼儿园保留具有年代历史感的树木犹如保留了承载文化历史的基因,树立了一面不倒的教育旗帜,许多幼儿园也确实就是这么做的。

十几年前位于武汉中心城区的武昌实验小学及附属幼儿园在新教学楼建设中,一棵大樟树正好位于在建的教学楼走廊内,学校为了保留这棵大树,硬是从楼板打洞,让大树穿过楼板和屋顶,从楼层中伸出,形成该幼儿园一道美妙的风景(见图8-1-1)。徜徉在树荫下的人们,每当看见这棵树,都能深切感受到学校对生命的尊重,自然联想到对幼儿的关爱,使园所成为一个充满人性、温暖的地方。

站在镌刻古老年轮与硕大树冠的古树下,疾步穿行于老建筑之中,人们似乎可以感受到前人呼吸的声音、跳动的脉搏,甚至可以触摸到他们的体温……对于具有鲜明历史烙印的建筑和树木,我们首先应尽可能地保留,在保留的同时合理利用,在新的时代赋予老树、老建筑新的意义,展现新的作用,在利用中改造,在改造中焕发新的光彩。

2. 开发富有历史文化、精神内涵的教育资源,营造教育特色

武昌实验小学及附属幼儿园所在地也是民国时期被誉为"第二黄埔"——武汉军政学校的旧址所在地,作为省级重点文物保护单位(见图8-1-2),迄今保存了两栋当年用作教室的平房。许多著名革命家,

图 8-1-1　穿楼的大树
（图片来自湖北省武昌实验小学及附属幼儿园）

如陈毅、罗荣桓、恽代英、赵一曼等都曾经在此工作过。当年的两栋平房，一部分作为革命历史陈列室（见图 8-1-3），一部分是现在的学生们的阅览室，与历史名人同处一室让就读于此校的孩子们倍感自豪。

图 8-1-2　园内的文物保护单位的标牌
（图片来自湖北省武昌实验小学及附属幼儿园）

图 8-1-3　橱窗内展示着曾经在此工作过的革命家简介
（图片来自湖北省武昌实验小学及附属幼儿园）

不仅如此，学校充分利用自身的历史文化资源，将小学各年级的优秀班级以曾经在此工作过的革命家的名字命名，如一年级赵一曼班级、二年级罗荣桓班级、三年级陈毅班级等，使每一位走进学校的孩子，无论是幼儿园的小朋友，还是小学生，都能感受到学校深厚的历史文化积淀。学校在给予孩子们革命传统教育的同时，用先辈的革命精神滋养了孩子们的心灵；将静态的历史建筑，演变成富有生命力的文化载体，在新时期焕发出夺目的光彩。

3. 挖掘自身特色，打造亮点，树立品牌

对于一般幼儿园来说，不具备像武昌实验小学附属幼儿园这样的历史条件，因此更需要对软环境进行整体设计、长期规划，在不断充实与完善硬环境的同时，不放过幼儿园所在区域具有特色的文化，挖掘其中富有价值的资源。

如位于武汉市江夏区纸坊的江夏区直属机关幼儿园，根据地名的来历，在幼儿园公共活动区建立了一个按传统方式生产的造纸作坊，既还原了传统民族手工艺，也让幼儿身临其境地了解了当地的历史文化及城市发展的变迁。

位于城市繁华商业区的幼儿园，可以借用商业文化中的"诚实待人，诚信服务"的理念，以培养"诚实守信的好孩子"为园所文化核心,创立以"诚信"为特色的园所文化环境。

地处武汉体育学院附近的幼儿园,充分利用武汉体育学院得天独厚的教育条件,将篮球运动引进幼儿园户外活动中,使区位优势转化为幼儿园特色,取得了良好效果,受到了家长和幼儿的一致欢迎。

华中科技大学附属幼儿园位于全国知名高校校园内,幼儿园利用隶属科研实力雄厚、科技氛围浓烈的高校的条件,开设每学期一次的科技实验周,带领幼儿们走进科学实验室,参观校企合作的高科技企业,了解科技发展,请院士、科学家、研究员家长走进幼儿园,亲自为幼儿上科普实验课,打造了一个充满科技文化特色的幼儿园。

而空军武汉指挥所蓝天幼儿园,以培养健康活泼的军队下一代为目标,利用隶属部队、毗邻军营的有利条件,将军旅文化作为园所文化,每学期开展一次"今夜在军营"的活动,让幼儿深入军营,与军人同吃同住,既满足幼儿崇尚军人、向往军营的愿望,又近距离地走进军人的生活,了解父母的工作,增进与父母之间的情感。在活动中幼儿与军人一起升旗(见图8-1-4)、出操,学习整理内务(见图8-1-5),参加军事训练(见图8-1-6)、战地野外救护演习(见图8-1-7)等,通过活动提高了幼儿的生活自理能力,培养了幼儿勇敢自信的性格、服从守纪的态度,更培养了军队下一代热爱军营的感情。

图 8-1-4　升旗
(图片来自空军武汉指挥所蓝天幼儿园)

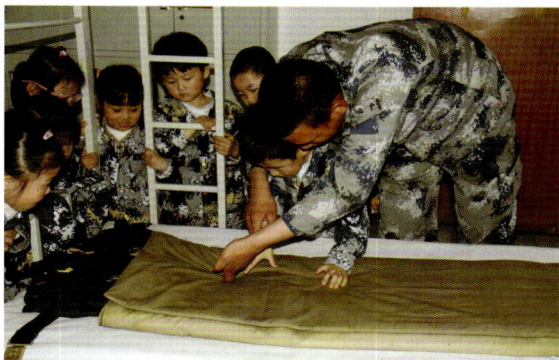
图 8-1-5　学习整理内务
(图片来自空军武汉指挥所蓝天幼儿园)

图 8-1-6　参加军事训练
(图片来自空军武汉指挥所蓝天幼儿园)

图 8-1-7　参加战地救护演习
(图片来自空军武汉指挥所蓝天幼儿园)

武汉常青童梦幼儿园把握中国传统服饰形成脉络,创设具有鲜明特色的园所文化。幼儿园以服饰原料——布匹为中心,用弯曲、奔腾、环绕大厅的竹编藤条赋予静态环境生命的动感(见图8-1-8和图8-1-9),以象征正在纺织机上穿梭运动的线,以"线"的扩展(纺织)产生面状的"布",再通过布的加工——印染、刺绣等(见图8-1-10和图8-1-11),制作成服装的原料;最后经过裁剪制作成美丽的中国传统服饰——汉服(见图8-1-12至图8-1-14)。

老师们将这一过程,用唯美浪漫的视觉手法,艺术化地展现服装的前世今生,一套服装生产制作的完整流程,给孩子留下深刻印象。最后在民族服饰经典——戏曲服装和头饰的欣赏与体验课程中,达成在"美"的环境中育人(见图8-1-15和图8-1-16)。用教育者为孩子营造出的"有准备"的、"美且可操作"的环境,共同构成艺术气氛浓烈、教育价值深厚的园所文化,成为孩子们引以为傲的幼儿园软环境。

图 8-1-8　大厅一

（图片由武汉常青童梦幼儿园提供）

图 8-1-9　大厅二

（图片由武汉常青童梦幼儿园提供）

图 8-1-10　布的印染

（图片由武汉常青童梦幼儿园提供）

图 8-1-11　刺绣

（图片由武汉常青童梦幼儿园提供）

总之,随着时代的发展,关起门来办学(幼儿园)已成过去,幼儿园既要做好自身工作,还要善于利用外部的资源,结合幼儿园需要,在实践中探索形成独具一格的园所文化,这将是今后一个幼儿园立于不败之地的法宝。

图 8-1-12　现代服装
（图片由武汉常青童梦幼儿园提供）

图 8-1-13　汉服
（图片由武汉常青童梦幼儿园提供）

图 8-1-14　传统服装图
（图片由武汉常青童梦幼儿园提供）

图 8-1-15　幼儿戏曲头饰艺术作品展
（图片由武汉常青童梦幼儿园提供）

图 8-1-16　幼儿戏曲头饰作品
（图片由武汉常青童梦幼儿园提供）

二、办园理念与教育方法

办园理念是幼儿园对理想教育的追求，是幼儿园根据多年的教育经验提炼出的某种教育价值观，并使幼儿园成员认同并自觉秉承这种价值观进行工作，它是幼儿园办园目标的集中体现。教育理念是指教师在对教育工作本质理解的基础上，形成的关于教育的观念和理性信念。

幼儿园是教书育人的场所，幼儿园办园理念只有与幼儿教师的教育理念融合成一个有机整体，幼儿园才能真正是一个用科学的方法、先进的理念对幼儿施以教育影响、促使其健康成长的地方。其运行过程无不体现着科学性和先进性，其中深厚的教育文化和浓烈的教育氛围是其显著的特征。

教师在先进的教育理念、科学的教育方法指导下的教育工作，为幼儿营造了一个健康成长的环境。而教育文化、教育氛围，不仅影响着幼儿，也带动着教师，带动他们不断从实践中学习、去探索、去思考，带动教师之间相互交流、共同进步；更影响置身于其中的幼儿家长，影响他们的教育方式。

作为社会角色中承担"专职"教育的家长，并非全部是教育专业出身，因此迫切希望懂得更多的育儿知识，掌握更先进的育儿技术，幼儿园自然成为他们最直接的获取渠道，从这方面看幼儿园又像是一所业余家长学校。只有当家长了解更多的育儿知识，掌握先进教育理念，认同正在实施的教育方法，才能更好地配合幼儿园教育，支持老师的工作，实现家园共建、共育的培养目标。因此，教育理念的传播、教育手段的推广、教育方法的实施、教育氛围的营造是幼儿园软环境创设的一项重要内容，具体包括以下几点。

1. 介绍幼儿园的教育特色、教育方法和办园理念

幼儿园在办园过程中，离不开家长、社会的支持与帮助，要充分利用橱窗、宣传栏、班级中的家园共育栏、家长QQ群等一切条件，介绍本园的办园理念和教育方法，最大限度地赢得家长的支持、社会的理解与帮助。这也是幼儿园工作的一部分。只有社会、幼儿园、家庭取得一致共识，幼儿园才能获得稳健的发展，才能有美好光明的未来。

武昌实验小学及附属幼儿园大门旁边的固定橱窗内，常年设有"办园特色""名长名师"栏，专门介绍本校的科学特色、外语特色、人文特色、体育特色（见图8-1-17），向社会广泛宣传自己；用"名长名师"栏宣传从本校走出的全国教育界劳模、省特级教师，以及现任的名师、学科带头人、中青年专家等，宣传名师及名师所获得的荣誉。家长通过这些宣传熟悉了解学校及幼儿园，从而对学校及幼儿园产生信任，就能与学校及幼儿园在教育方式、方法上取得一致共识。

图 8-1-17　办园特色橱窗

（图片来自湖北省武昌实验小学及附属幼儿园）

此外，幼儿园可提供视频、录像等，让家长了解幼儿园教育活动，支持幼儿园工作，配合教师对幼儿实施有效的教育。利用家长丰富的社会资源服务于幼儿园，尤其是祖辈家长们丰富的社会背景、深厚的社会经验以及退休后充沛的时间、旺盛的精力和对后辈教育的关注与热情，邀请他们走进幼儿园，参与协助幼儿园的服务工作，为幼儿园管理献计献策，不仅发挥了他们的余热，也为弘扬中华民族尊老爱幼的民族文化传统注入新内容，为营造和谐社会尽一份力量。

2. 努力营造教育氛围，体现"环境处处皆教育"的理念

围绕幼儿园特色，除在硬件大环境上下功夫外，也不放过细微环节，利用小环境彰显大教育。

如双语特色幼儿园内，公共设施都用中英文双语标注，使幼儿时时处处与英文零距离接触。以弘扬优秀传统文化为特色的幼儿园，则以中国书法、绘画装点环境；卫生间、盥洗池的墙壁上以幼儿耳熟能详的成语故事、喜闻乐见的《三字经》图片点缀，使置身于环境中的幼儿，在不知不觉中感受中国传统文化的魅力，接受传统艺术的熏陶。

3. 展示正在进行的教育教学活动，汇报已取得的成绩

以多样的形式，汇报幼儿在幼儿园内的生活学习情况，如参与社区、公益活动；扩大社会交往；每年定期举行亲子运动会（见图8-1-18），举行文艺展演会，筹办传统节日庆祝会、手工及绘画作品展览等，展示孩子们的进步，分享成长的快乐；实行每学期一次的家长开放日活动，邀请家长走进幼儿园，走上讲台为孩子们上课，参与教学活动；以班级中家长园地、家长QQ群为平台，介绍本班正在开展的活动，使家长们了解活动的目的、活动的意义；鼓励家长参与幼儿园的课程改革，听取家长们对学校教育教学及管理的意见与建议，打消家长们心中的疑虑，解决他们的困惑，以开放、平等的心态，共同营造研究型、交流互动型的幼儿园教育氛围。

图 8-1-18 "工农大生产"亲子运动会
（图片由武汉经济技术开发区永久幼儿园提供）

伴随着科技的发展，互联网技术的完善，幼儿园安全保障系统越来越信息化、智能化，有些幼儿园安置了出入打卡机、智能扫描机，避免不法分子进入幼儿园，为幼儿的安全建立起屏障，受到家长的欢迎。

幼儿园信息化建设也是幼儿园发展的新热点，健全完备的监控系统不仅提升了幼儿园管理质量，保障了幼儿的安全，也为家长了解幼儿园拓宽了渠道，更为依法维护师幼权益、保障未成年人的健康提供法律支持。通过视频链接，多功能的幼儿园教育网络系统已在逐步铺开。幼儿园利用网络技术，不仅实现了幼儿园教育、宣传及安全的一体化，也为幼儿园通过网站定期展示教学所取得的阶段性成果搭建起平台（见图8-1-19和图8-1-20）。

图 8-1-19 幼儿园信息化管理系统
（图片来自网络）

图 8-1-20 幼儿园安防室及其设备系统
（图片由武汉经济技术开发区博学幼儿园提供）

家长可通过手机及时掌握幼儿入园、离园的信息，为幼儿安全撑起保护伞；通过网络可随时观看幼儿园的教学活动，了解幼儿在幼儿园活动中的表现，见证孩子们的成长，分享孩子们收获的快乐；还可以通过网络为幼儿购买网络课程，实现家园共育的教育目标。

课后作业

1. 幼儿园软环境指的是什么？具体包括哪些内容？创设幼儿园软环境可以从哪些方面入手？试谈谈你的看法。

2. 考察及报告：以三到四人为一组，从打造特色入手，通过实地考察分析一所知名幼儿园的园所文化，撰写一篇考察报告。具体要求：文本言而有据，观点明确，内容翔实，字数不少于 4 000 字；制作成不少于 20 张幻灯片的 PPT，选派一名代表在交流课上做汇报展示。

第二节　人 际 关 系

幼儿园人际关系主要有幼儿与教师的关系、教师与家长的关系、教师与同事及幼儿园领导的关系，其中幼儿与教师之间的关系是核心，教师与家长之间的关系是关键，教师与同事及领导的关系是重点。

一、教师与幼儿、教师与家长

幼儿作为整个社会年龄层次最小的群体，需要成人悉心照料、用心爱护。因此，对于幼儿教育从业者——幼儿教师来说，最基本的从业要求就是要有"三心"——爱心、耐心和细心。爱心是根本，怎样去爱，如何去爱，有着技术含量。除在语言、行为上体现爱之外，更要将爱落实在技术上。

爱孩子是动物的本能，是人类与生俱来的天性，爱孩子与会爱孩子是两个不同的概念。作为幼儿教育专业人士来说，既要有深厚的"大爱"的精神，又要有科学细致的"小爱"的措施与手段。"大爱"就是要悉心研究教学，锐意改革，不断探索科学的教育方法，把孩子培养好，为国家造就更多高素质的人才；此外更要把"小爱"落到实处，体现在具体工作中。

将"尊重与理解孩子，顺应幼儿发展的需要"作为教师职业素质，贯穿于幼儿教育活动。尊重幼儿的意愿，尊重他们的兴趣与爱好，理解幼儿的想法和行为，为他们提供适宜、所需要的帮助是幼儿教师的职责。

要"顺应幼儿发展的需要"。鉴于幼儿生理特点为他们提供适合于其年龄的生活用品、安全器械，如尺寸合适的坐便器、高度适宜的洗手池、楼梯两旁防止跌倒的宝宝扶手等。将科学育儿知识落实在幼儿园环境创设的具体工作中，从细节上体现幼儿园对孩子的爱。

在养育手段上，以人为本，将幼儿的健康放在首位，以制度的形式规范教师的保教行为。如对幼儿健康卫生的生活习惯的培养，生活中环境保洁，餐具用具消毒，流行病高发期时的预防等，户外活动中采取的防护、防晒等保护措施，活动开展前教师带领幼儿进行肢体关节的放松运动，为每位幼儿后背垫上吸汗的毛巾以避免幼儿感冒……不仅具体，而且落实。

尊重幼儿的性别差异，为不同性别幼儿设置不同如厕区域，提供适合他们的儿童洁具，为幼儿生活自理提供方便；同时将幼儿与教师卫生间分开，或在共同区域中单独隔离，尊重成人的隐私和卫生习惯，便于清洗消毒，保障卫生安全，给孩子提供更为舒适安全的如厕环境，如图 8-2-1 至图 8-2-3 所示。

图 8-2-1　幼儿园坐便器
（图片由武汉常青童梦幼儿园提供）

图 8-2-2　幼儿园男童专用如厕洁具
（图片由武汉常青童梦幼儿园提供）

图 8-2-3　教师与幼儿分开使用的卫生间
（图片来自空军武汉指挥所蓝天幼儿园）

教育部颁布的《幼儿园教育指导纲要（试行）》对幼儿园环境创设提出要求："教师的态度和管理方式应有助于形成安全、温馨的心理环境；言行举止应成为幼儿学习的良好榜样。"因此，幼儿园教师要用和蔼可亲的态度、人性化的管理为幼儿营造一个温暖的心灵港湾，用自己的文明言语、优雅的举止感染幼儿，为幼儿树立语言美、行为美的楷模，成为他们学习的榜样。

尊重和理解孩子不是一句空话，是通过日常工作中的方方面面、点点滴滴来体现的，大到课程设置、环境布置，小到日常工作程序的安排。日本女作家黑柳彻子的自传体文学作品《窗边的小豆豆》，多年来感动很多人，书中让人感受最深的就是校长对调皮、有个性的孩子的理解与关爱。主人翁小豆豆因被小学劝退不得不转到巴学院就读，初次见到小林宗作校长，小豆豆一点不改自己好动爱说的天性，滔滔不绝地对着初次见面的校长讲了自己感兴趣的事，而小林宗作校长竟能认真地聆听小豆豆长达四小时喋喋不休的谈话，让人久久难以忘怀。当淘气的小豆豆因为心爱的钱包掉进粪坑而放弃上课，执着地用粪勺打捞钱包的情景被校长见到后，校长竟没有一句批评指责的话，而是理解地走开。校长的行为向我们生动诠释了什么是理解幼儿、尊重幼儿：那就是站在孩子的角度对孩子情感的接受，对孩子兴趣的支持，对孩子行为的尊重，把孩子放在一个与大人完全平等的地位上与他们对话，从而走进孩子的世界，聆听他们心灵的呼声。每当读到此，我们才真正理解什么是发自内心对孩子的爱。

"以幼儿为本"是每一所幼儿园在办园过程中秉承的核心价值和办园理念，体现在教师与幼儿的关系质量中；而园长作为幼儿园的核心，既是高质量师幼关系的示范者，又是高质量师幼关系的建构者和培育者。建构幼儿园良好师幼关系，园长首先要给教师做表率，知道怎样去爱孩子、懂得如何去爱孩子，做和谐人际关系的表率。从某些方面看，一所幼儿园师幼关系质量如何，园长和孩子之间的关系就是一个风向标。

此外，好的教育离不开家长们的支持，教师有责任与义务同家长建立好相互尊重、彼此信任的关系。常言道"爱子重先生"，在家长与老师的关系中，家长往往是被动的，相比较而言教师的角色更重要。教师要以自己的行为做良好社会行为的榜样、尊老爱幼的表率；自觉抵制索贿、受贿等不良社会行为，杜绝歪风邪气侵袭幼儿园，为幼儿树立高尚社会行为的标杆，用自己的行为影响家长、社会公民，为营造文明和谐的社会风气尽自己应有的责任；同时善于换位思考，多体谅家长工作的辛苦，用教育好孩子支持家长的工作，为家庭减轻负担，为社会培养人才。

作为人类最美好的情感——爱是具有传递性的，幼教从业者——幼儿教师，带着爱去工作，言语中就会充满爱，行动中就自然会流露爱，而感受到教师的爱的孩子们，会自觉主动地效仿他们身边的老师，将爱传递给自己的同伴、身边的亲人。家长在看到、听到、感受到教师对孩子的关爱时，会更加信任教师，理解支持教师的工作；也会教育孩子如何去爱老师、尊重老师，形成师生间、教师与家长间的良性互动，营造出幼儿园温馨和谐的人际关系环境。

二、教师与同事及幼儿园领导

除师幼关系外，幼儿园内教师与领导的和谐人际关系更是幼儿园发展的重点与基石，是幼儿园前进的动力；领导与教职员工的关系决定一所幼儿园的未来与方向。

一所幼儿园的园长将老师放在一个什么样的地位上，考验着领导者的管理素质与水平；幼儿园的安身立命之本是先进的教育理念、科学的育儿方法，而理念与方法最终需要人来落实，归根结底要幼儿园老师来实现。一个留不住好老师的幼儿园就不可能有稳定的发展，不可能有美好的未来。幼儿园不比企业，企业生产的是产品，产品可以依赖健全的管理制度，而幼儿园工作面对的是一个个有情感、有思想的鲜活生命的人（幼儿），光有规章制度而缺乏人性的关怀和情感的注入，不可能培养出健全的人来。那种不重视教师，不尊重教师劳动，任意剥夺教师的权利，将教师当挣钱工具的行为和做法将会带来严重后果，得不偿失。

幼儿园一线教师工作琐碎而细致，责任繁重，社会期望值高，而现阶段的幼儿教师的实际收入与付出不能成正比，与其他行业相比更不具优势。因此，稳定教师队伍，留住教师，让幼儿教师爱岗敬业，也是幼儿园领导的一项重要工作，考验着幼儿园领导的能力与远见，更体现着管理者的水平。

除了创造条件提高教师待遇外，也要通过营造良好的人际关系环境与氛围，温暖人心，留住人才。通过不断改善办公条件，优化工作环境，配置先进的办公设备，用现代化的办公设备解放教师的双手，通过提高工作效率、减轻工作强度，使教师有更多的时间来考量教育设计，有更多的精力投入教学；从提高教师工作能力入手，用能力减缓压力，降低不适；努力为每一位教师的专业成长创造机会，搭建平台，通过事业上的成就，提升教师的职业认同感，让每一位教师在幼儿园发展中找到自己的定位，在事业的成长中获得成功、收获幸福。

在日常生活中幼儿园领导更要关心教职员工的生活，为他们排忧解难。当员工遇到困难时，多一点理解、少一点冷漠，多一点帮助、少一点推诿；当工作出现问题时，多一点担待、少一点指责，多一份体贴、少一句埋怨。为教职员工创造一个宽严有度、充满人性温情的人际环境，让员工开心工作，放心去干，大胆敢干。

同样，教师作为幼儿园的一份子，幼儿园的兴衰直接关系到教师个人事业的发展。一个"这山望着那山高"的人，能为蝇头小利而不顾责任随意跳槽的人是不会有长远发展的。因此在工作中教师要有主人翁意识，以幼儿园发展为己任，将幼儿园当成自己的家，将幼儿园的事当成自己家里的事；待同事如亲人，视领导为兄长；将幼儿当自己的孩子；在工作中多进行换位思考，遇到问题时将自己放在不同位置上考虑，为领导分忧，为同事解难，使幼儿园具有家的温暖、成为充满"爱"的港湾，在温馨和谐的人际环境中，使每位教师都能找到归属感。

"众人拾柴火焰高"，幼儿教师在工作中应团结幼儿园大家庭中的"兄弟姐妹"——同事同人，精诚合作，相互学习，相互配合，共同完成教学任务；同时通过努力使自己不断成长，在幼儿园发展中成就自己的事业，实现自己的理想，让自己成为幼儿园的明星、对外宣传的名片。只有这样，幼儿园的未来才会有希望，发展才会有后劲。

"一枝独秀不成景，万紫千红才是春"，幼儿教师应以自己的努力带动周围的人，以自己的成就感召同事、同行，携手共进，一起成就共同的事业。"河里涨水，小溪才会满"，大环境好了幼儿园才会有发展，社会声誉提高了，综合效益才会显现，教职员工的待遇才能改善。

只有携手一致，共同努力，教师与教师、教师与领导、教师与家长、教师与幼儿之间才会形成良性互动,才能使温馨和谐、持久稳定的人际关系氛围成为幼儿园持续发展的源泉和动力。

第三节　教育品牌与社会影响

一、教育品牌

教育品牌是幼儿园等教育机构一切无形资产的总和与浓缩,是幼儿园核心竞争力与核心价值观的体现,具有知名度大、信誉度强、追随度紧、忠诚度高的内涵及形象性、成长性、推广性、保护性等表现特点,是幼儿园发展的终极目标与方向。

教育品牌的确立是一项长期、复合型工程,它是随着幼儿园历史的发展、办园实力的壮大、环境的改善和教育成果的取得而不断形成的。它包括社会的口碑与声誉、家长认可度等。幼儿园教育品牌的确立具体可从以下几方面入手。

第一,把教学放在突出重要的位置,以抓教育质量提高办园水平,提升社会影响。

一所幼儿园的教育品牌的确立看的是什么？是教育质量,是培养的人才,而教育质量的提升离不开高素质的教师队伍,打造学习型、研究型的教师团队是提升教育质量的核心。幼儿园要努力营造学习氛围,带领教师以幼儿发展的需要为宗旨,研究教材,钻研教法,改进教学,创设学习氛围,用优质的教学设计提升教学质量;促进教师的专业成长,在提升教育质量的同时,培育优秀教师,成就优秀人才,使幼儿园成为教育人才的聚集高地;以幼儿园现有条件为基础,身体力行,不断改善软硬件环境,努力营造温馨自由、快乐健康的幼儿园环境,引导幼儿自由探索、自我发现、自主成长;创造条件"走出去领进来",参与对外交流,取长补短,不断提高教学水平,提升教育质量。

湖北省省直机关第一幼儿园是有着近 80 年历史的公办幼儿园,近年来幼儿园引入安吉游戏,在园所教师与领导的努力下,结合园所自身特点,改造发展与游戏配套的户外环境及安全保障举措,形成一整套行之有效的操作方法,并在具体实施中凝结成特有的园所文化,被誉为"武汉的安吉",成为武汉幼教界知名品牌,受到各界的肯定,被广大家长推崇(见图 8-3-1 至图 8-3-3)。

图 8-3-1　老师贴身保护

图 8-3-2　幼儿户外游戏服装

图 8-3-3　园所户外安全设施

第二，用名师效应提升幼儿园的知名度。

教育品牌与教育质量有着直接的关联性，好的教育质量又与优秀、高素质的教师有关。树立教育品牌离不开名师，而培养名师、宣传名师的教育方法、推广名师的教育经验，也就是培植名师所在的幼儿园的教育品牌。

武汉市武昌实验小学及附属幼儿园将历任校长、园长，知名教育专家的照片张贴于学校入口的"名长名师"橱窗（见图 8-3-4），展示现任名师、校长的风采，如金牌班主任等，使名长名师成为学校形象代言人；让名师的成就成为全校共享的经验，名师的影响成为全校对外的声誉。

图 8-3-4　"名长名师"橱窗

（图片来自湖北省武昌实验小学及附属幼儿园）

宣传名师，推荐名师，也是在推介幼儿园、提高幼儿园的知名度。幼儿园因名师而成为名园、名校；名师因名园、名校而享誉业内。

第三，利用企业标识系统 logo 服务幼儿园，让品牌形象扎根于人们的心中。

众所周知商品社会中，教育品牌是一种无形资产已是不争的事实，良好的口碑声誉和广泛的社会认同更是幼儿园发展所追求的目标。如何使优秀的教育品牌植根于人们的脑海中，扎根于人们的心中，使看不见、摸不着，但又确实存在的口碑声誉附着在一个可视性的实体——logo 形象标识上，使看到标识的人能第一时间将其与优质的教育品牌挂钩，与幼儿园独特的办园特色、先进的教育理念联系起来，使 logo 成为优秀教育品牌的象征呢？

武汉经济技术开发区永久幼儿园以"爱心"为元素，用四个不同颜色的爱心围成接近树的形状，构成幼儿园园徽,悬挂于园门之上及大厅最显眼处(见图 8-3-5 和图 8-3-6);用绿色豆形的卡通形象作为园所吉祥物——和和与美美,并将其艺术化为景观雕塑安置于园内(见图 8-3-7),将和谐美好的祝愿萦绕在孩子们的周围,体现办园者、老师们对孩子的真挚情意。

图 8-3-5 永久幼儿园标识及带标识的墙饰

图 8-3-6 带标识的幼儿园教师服装与幼儿太阳帽

图 8-3-7 幼儿园吉祥物——和和美美与幼儿园和美雕塑

武汉小哈佛英语培训学校在对外宣传上不仅有整体规划,而且抓细节落实,他们将培训机构的 logo 用在外界所能看到的所有地方——培训机构的教材、练习本的封面、课程表、文具,以及教辅材料磁带、光碟,甚至节日师生们的贺卡、礼品上,不放过任何推介机会,显示出对自己品牌的高度自信。

利用 logo 标识系统服务幼儿园,不仅能最大限度地利用品牌效应,取得良好的社会、经济效益,也能运用法律手段更好地维护品牌的形象,为提高幼儿园管理水平和管理的科学性提供支撑。

第四，抓规范管理，从提高管理水平、服务质量上取信于家长。

统一协调的标识，是企业整体形象的体现、幼儿园制度文化的展台，是领导者素质与管理水平的一面镜子。

当一所幼儿园朝着科学管理迈进之时，人们从园内每一位教职员工身着整齐统一的工作装、佩带园徽，从幼儿园领导、主班老师、配班老师、保育员、后勤服务人员等不同岗位制、工作服，款式一致、颜色不同、层次分明的着装上，感受到幼儿园规范严明、科学有序的管理；身着不同颜色工作服提醒着工作人员不同的岗位责任和职责范围，同时使每一位入园的幼儿与家长在需要帮助时，可以直接根据工作服颜色寻找到适合的求助对象，使家长从幼儿园规范有序的管理中感受园内健全的制度文化，从舒适合理的布局中体现领导者的科学素质与管理水平。

第五，从服务社会中获得口碑。

幼儿园是社会的一份子、社会的有机组成部分，在获取社会资源的同时，也有服务社会的义务，尤其是作为培养未来社会公民的教育机构，更要有这样的远见、胸襟。

幼儿园规模有大小，条件有差异，而服务社会的愿望不分大小、能力不分高低，幼儿园可以利用自身条件，开展为社区服务的活动，在服务社会中扩大声誉。如定期为育龄妇女举办新生儿保健讲座；举行幼儿保育知识培训及家庭教育咨询等各种形式的公益服务活动，满足社区成员的实际需要。

这些活动从一定程度上看要花费幼儿园的一些时间和精力，增加幼儿园额外负担，从长远来看却不一定：对于新建成的幼儿园，树立品牌需要一个较长的时间，要想在短时间内让家长们了解幼儿园、信任幼儿园，可以采用服务社区的方式，用自己现有条件服务于社区，可提高幼儿园的知名度，通过服务活动向社会直观地展示幼儿园办园实力和教师的教育素质，是对幼儿园进行的对外宣传；幼儿家长通过享受服务，近距离地了解了幼儿园环境，领略了幼儿园教师的教学水平，感受了园所文化，从而认可幼儿园，放心地把自己的孩子送入幼儿园，使活动成为幼儿园宣传的名片，也应验着"有舍才有得"这一句名言。

二、社会宣传与影响

幼儿园除向内提升实力外，还应该借助一切外部力量扩大影响。

幼儿园对外影响依靠实力，但也离不开宣传。好的教育品牌要让大多数人知晓，必须借助媒体舆论的宣传。目前幼儿园对外宣传的渠道主要有：新闻媒体的正面报道，服务社会的舆论宣传，对外的交流和大型的社会性公益活动的展示，各种正规展览、比赛和评比等。这既是对幼儿园教育教学成果的检验，也是幼儿园对外宣传的窗口、提升知名度的机会。

幼儿园要善于把握这样的机会，努力提高幼儿园在公共场合、媒体舆论面前亮相的概率，其中借助媒体舆论宣传幼儿园是一种常见手法。如晶晶国际教育机构将中国关心下一代工作委员会主任顾秀莲以及湖北省妇女联合会领导视察幼儿园时的新闻报道录入宣传册并张贴于幼儿园橱窗，既宣传了国家领导对幼教事业的关心与重视，又介绍了晶晶国际幼教机构，对提高机构的知名度起到了促进作用。

借助名人的效应宣传幼儿园更是一种有效手段。学校及幼儿园作为教育部门，最大的资源就是所培养的人才，利用校友的声誉与成就宣传学校和幼儿园是最有说服力、最具吸引力的手段。如空军武汉指挥所蓝天幼儿园，将幼儿园培养出的军队领导、文学家、艺术家的名字、毕业时间及照片张贴于幼儿园入口的橱窗，不仅让人感受到幼儿园深厚的办园历史、丰硕的教育成就，更能让进入幼儿园的孩子们油然而生与名人同校的自豪感。

幼儿园在宣传自己优势的同时，更要下功夫、花大力气做好基础工作。"千里堤坝毁于蚁穴"，要严格管理，完善服务，杜绝幼儿园危险事故的发生，避免负面新闻的出现，努力维护幼儿园良好社会形象，珍惜荣誉与口碑。

课后作业

1. 幼儿园人际关系包括哪些内容？其核心是什么？重点在哪儿？

2. 以小组为单位考察一所幼儿园，分析该园人际关系环境状况、存在的问题，试提出改进的意见和建议。

3. 如何营造和谐的幼儿园人际关系环境？

4. 树立幼儿园教育品牌应该从哪些方面入手？如何进行？

参 考 文 献

[1]　教育部基础教育司.《幼儿园教育指导纲要(试行)》解读[M].南京:江苏教育出版社,2002.
[2]　李季湄,冯晓霞.《3～6岁儿童学习与发展指南》解读[M].北京:人民教育出版社,2013.
[3]　袁爱玲.幼儿园教育环境创设[M].北京:高等教育出版社,2010.
[4]　杨枫.幼儿园教育环境创设与玩教具制作[M].北京:高等教育出版社,2006.
[5]　夏宇虹.幼儿与幼儿园环境对话[M].北京:中国轻工业出版社,2012.
[6]　北京市教育科学研究所.陈鹤琴教育文集[M].北京:北京出版社,1983.
[7]　屠美如.向瑞吉欧学什么——《儿童的一百种语言》解读[M].北京:教育科学出版社,2002.
[8]　晨曦.蒙台梭利教育法[M].合肥:安徽人民出版社,2003.
[9]　沈建洲.图案·装饰——幼儿园平面设计与环境创设[M].上海:复旦大学出版社,2012.
[10]　虞永平.科学发现室与幼儿园课程[J].幼儿教育,2010(3).